QUELQUES OBSERVATIONS

SUR LA

LETTRE DE FOUCHÉ

AU DUC DE WELLINGTON;

Suivies du texte de cette Lettre, et de quelques notes explicatives.

PAR J.-B. DE SAINT-VICTOR.

Ecce iterùm Crispinus.
JUVEN. *Satir.* IV.

A PARIS,

CHEZ H. NICOLLE, à la Librairie Stéréotype, rue de Seine, n° 12;
LE NORMANT, Imprimeur-Libraire, même rue, n° 8.

M. DCCC. XVII.

Imprimerie de LE NORMANT, rue de Seine, n°. 8.

AVERTISSEMENT

DE L'AUTEUR.

Au moment même où je m'apprêtois à faire imprimer ce petit écrit, quelques amis qui avoient bien voulu en entendre la lecture me firent observer, avec beaucoup de justesse et de raison, qu'il alloit s'élever probablement contre moi une certaine classe d'adversaires dont les attaques, sans s'attacher peut-être directement à mes raisonnemens et à mes réflexions, essaieroient de les détruire en insinuant que j'avois pu dénaturer le texte que je censurois. En effet (et la révolution n'en a fourni que trop d'exemples), en rapprochant malicieusement des passages éloignés et indépendans les uns des autres; en isolant des idées qui sont essentiellement liées entre elles; en supprimant celles qui expliquent ou modifient une proposition, il est sans doute facile de changer entièrement le sens et le caractère d'un écrit. Ils ajoutoient que des lecteurs, même désintéressés, pourroient être d'autant plus frappés d'objections de ce genre, bien que mensongères et présentées dans un dessein perfide, que le pamphlet, objet de ma censure, avoit un tel caractère de cynisme et d'audace, que rien n'étoit plus difficile que d'y croire, à moins de l'avoir lu.

Des réflexions si judicieuses me firent naître aussitôt la pensée de faire suivre mes Observations *du texte même de la lettre de Fouché; et une anecdote de librairie, toute récente, qu'il est inutile de rapporter ici, m'ayant donné la conviction que j'obtiendrois, par cette publication, le double avantage de donner une force nouvelle à ce que j'avois écrit, et de chagriner beaucoup certaines gens qui, depuis longues années, nous chagrinent prodigieusement, pour ne rien dire de plus, je n'ai point balancé.*

En relisant les épreuves de cette lettre, il m'a été impossible de n'y pas ajouter rapidement quelques notes, suivant les impressions plus ou moins vives que me faisoient éprouver les passages auxquels je n'ai pu ni voulu donner place dans mes Observations. Ceux qui la liront en ajouteront sans doute mille autres: la révolution est tout entière dans cet écrit, telle que nous l'avons vue, telle que nous la voyons.

QUELQUES

OBSERVATIONS

SUR

LA LETTRE DE FOUCHÉ

AU DUC DE WELLINGTON.

La Lettre de Fouché à Sa Grâce le duc de Wellington existe depuis plusieurs mois ; les journaux étrangers l'ont répandue avec profusion dans l'Europe entière ; elle est connue partout, excepté en France où, depuis vingt-sept ans, tout est violence dans la pratique, par la raison que tout est licence dans les théories ; où rien par conséquent ne s'imprime librement en vertu de la liberté indéfinie de la presse (1). On n'a point répondu à cette Lettre, parce qu'il étoit difficile d'y répondre pertinemment en tout autre pays que dans celui où elle n'étoit point parvenue. Le hasard seul l'a fait tomber entre mes mains : le mauvais style de cet écrit ne m'a d'abord nullement étonné ; et sans doute il est facile de concevoir que son auteur, éloigné depuis si long-temps des colléges où il a professé, et devenu étranger aux bonnes doctrines littéraires qu'il a contribué à détruire, écrive peu correctement dans sa propre langue ; il m'a paru également tout simple d'y voir dominer l'entortillement et l'obscurité, parce qu'il est rare en effet qu'on s'exprime avec justesse et clarté, lorsqu'on n'a rien de net dans l'esprit, ni de franc dans le cœur. Quoi qu'il en soit, c'est avec peu de regret que

(1) Si l'on vouloit faire considérer une telle réflexion comme déplacée dans cette circonstance, parce qu'il est question d'un libelle insolent et séditieux, j'en appellerois à tous les journaux dévoués à la cause royale ; il n'en est pas un seul, j'ose l'assurer, qui, s'il avoit eu le pouvoir de le faire, eût hésité un seul instant à publier une pièce aussi curieuse, en y joignant les commentaires qu'elle mérite.

je me vois forcé de négliger quelques détails que je ne comprends point assez, tant est féconde la matière que me fournissent les passages qui ne se font que trop entendre, tant les caractères révolutionnaires sont frappans dans cette œuvre profondément méditée d'un des patriarches de la révolution !

La suscription seule de cette Lettre fait naître un torrent de réflexions. Le duc d'Otrante écrit au duc de Wellington! *Le duc d'Otrante*, ci-devant le *républicain* Fouché, et aujourd'hui comme alors, l'assassin d'un Roi, se trouve dans une position telle qu'il peut, jusqu'à un certain point, traiter sur le pied de l'égalité avec l'illustre capitaine qui fut l'instrument du salut de tous les rois ! ce duc *sans-culotte*, auprès de qui le marquis Mascarille seroit un personnage de haute comédie, peut, non sans quelque apparence de raison, rappeler les conférences qu'il a eues avec le vainqueur de Buonaparte, invoquer son témoignage, se prévaloir de sa bienveillance! Ainsi s'expliquent tant de malheurs et tant de honte qui suivirent ce beau jour dont on devoit attendre tant de bonheur et tant de gloire; ce jour où toutes les nations de l'Europe représentées par leurs souverains, parurent en quelque sorte sous les murs de Paris, comme pour lui demander raison de tant d'outrages faits aux hommes, de tant d'impiétés commises envers Dieu. Le tyran étoit abattu; les révolutionnaires avoient perdu tout courage et tout espoir : par une fatalité que beaucoup n'ont pu long-temps concevoir, et qui se conçoit trop maintenant que tous les prestiges sont détruits, ceux même dont la force invincible les avoit terrassés, dont la parole pouvoit achever de les anéantir, leur tendirent la main pour les relever, reconnurent les prétendus droits du peuple, eux qui s'étoient armés pour rétablir les droits des souverains, firent asseoir parmi leurs conseils, négocier avec leurs ministres, ceux dont la société entière les avoit constitués les juges, et dont la France, surtout, attendoit le châtiment! Malgré les cris d'amour d'une population innombrable qui appeloit son Roi légitime, malgré les malédictions qui s'élevoient de toutes parts contre les artisans de tant de crimes et de tant de maux, il fut décidé, *d'après le dire des révolutionnaires*, que le peuple français étoit attaché sans retour à la révolution, à toutes *scs franchises et libertés;* qu'il s'exposeroit à tous les dangers pour les défendre, et qu'il falloit par conséquent les lui laisser avec les révolutionnaires qui les avoient faites, si l'on ne vouloit voir renaître les plus affreux bouleversemens. Les royalistes qui se présentèrent, affirmant le contraire, se virent repoussés, baffoués, et réduits comme la fille de Priam, à faire de sinistres prédictions qui les livrèrent à de nouveaux mépris : le 20 mars arriva.

Ceci a été dit mille fois : mais comment s'empêcher de le redire encore, lorqu'on voit les mêmes circonstances, des circonstances si graves, si décisives, produire les mêmes fautes, ramener les mêmes erreurs? La première fois, l'on écouta M. de Talleyrand (1); la seconde fois, c'est Fouché que

---

(1) M. de Talleyrand, que l'on doit considérer comme le premier auteur de ce fatal système de concessions et de transactions qui nous perd et qui nous déshonore; M. de Talleyrand, qui, jusqu'alors, n'avoit fait de la diplomatie qu'avec 600,000 hommes derrière lui (et 600,000 hommes, comme on sait, sont merveilleux

l'on écoute ! On a pu se persuader qu'un régicide désiroit sincèrement le rétablissement du frère de Louis XVI ; qu'il indiqueroit avec vérité, avec candeur, les moyens les plus sûrs d'y parvenir ! Hélas ! le moins habile des royalistes l'eût excité à parler pour faire justement le contraire de ce qu'il auroit dit, bien sûr de rencontrer là le bon parti.

La suite des événemens a montré la foi que l'on devoit attacher à ses paroles. Le

---

pour aplanir toutes difficultés dans les négociations) ; M. de Talleyrand, qui a tous les préjugés de la révolution, que l'on retrouve dans toutes ses intrigues et à toutes ses époques, passe encore, à la faveur de quelques bons mots qu'on lui attribue, et dont les plus scandaleux sont les meilleurs, pour un grand homme d'Etat auprès d'une classe de gens dont la niaiserie est à jamais incorrigible. On prétend que lui-même aujourd'hui se divertit beaucoup aux dépens de ceux à qui il a cédé la place : certes, je n'écris point ici pour faire leur apologie ; mais il me semble que M. de Talleyrand, après avoir opéré comme il a fait, n'a le droit de se moquer de personne, et qu'il n'est point de ministre, quelqu'inepte qu'il pût être, qui n'eût celui de lui répondre :

« Vous me sifflez : je vous le rends, mon frère. »

duc de Wellington sait maintenant (trop tard sans doute) qu'il a été trompé par Fouché ; Fouché ne peut se dissimuler qu'il est un objet de mépris pour le duc de Wellington. Quel peut donc être le motif d'une lettre où il allègue des faits dont la fausseté insigne est démontrée, où il établit des principes qu'il doit supposer horribles aux yeux du noble personnage auquel il ose s'adresser? Cette réflexion, qui d'abord ne m'avoit point frappé, me porte à croire maintenant que la suscription m'a trop occupé : elle n'est rien. Le grand nom de Wellington doit être considéré comme un prétexte qui fournit à ce profond conspirateur un moyen à la fois éclatant et mystérieux de faire entendre à son parti la voix d'un chef qui sut autrefois le conduire et le faire prospérer, d'un chef qui voit avec douleur la division s'élever entre ses membres dans un temps d'épreuve et de tribulation, qui voudroit enfin, étouffant toutes les passions haineuses qui l'affoiblissent, et lui montrant le seul but auquel il puisse désormais tendre raisonnablement, mettre de l'ensemble dans son action et de l'unité dans ses intérêts.

Si l'on considère cette lettre sous le rapport du talent de la composition, beaucoup la trouveront fort au-dessous de l'idée qu'ils avoient pu se faire d'un homme qui a été si long-temps mêlé à de si grandes affaires. Ceux qui entendent mieux la révolution, jugeront cette production, toute misérable qu'elle est, digne en tous points de son auteur, parce qu'ils n'ont jamais reconnu de vrai talent parmi les révolutionnaires ; parce que vingt-cinq années de crimes, qui sont nécessairement vingt-cinq années de faux jugemens, étant plus que suffisantes pour abrutir même le premier génie du monde, il seroit bien étonnant que des esprits médiocres y eussent résisté. Je me soumets donc à la tâche pénible de chercher à travers le vague des idées, l'incohérence du plan, et cet *argot* singulier qui est la langue des initiés, et dont ils nous ont forcés, nous autres royalistes, d'apprendre la grammaire, quelle est la pensée qui domine dans cette œuvre de ténèbres, et quels sont les véritables effets que son auteur a voulu produire. J'essaierai aussi d'y démêler et dans ses propres aveux et dans ses contradictions, et même dans ses réticences, les causes secrètes et la véritable marche des événemens.

Fouché nous apprend qu'*on* lui demande des éclaircissemens sur différens points : 1°. le retour du Roi ; 2°. son acceptation du ministère de la police ; 3°. l'ordonnance du 24 juillet ; 4°. sa mission à Dresde ; 5°. les causes qui l'ont empêché d'entrer dans la Chambre des Députés. Ces éclaircissemens, qui peut les lui demander ? Ce ne sont pas les Français fidèles qui n'eurent jamais pour lui que du mépris et de l'horreur, et qui, certes, n'ont nullement besoin de lumières nouvelles sur tout ce qui le touche : ce sont les révolutionnaires, buonapartistes, jacobins et autres, qui tous croient avoir également le droit de se plaindre de lui ; c'est devant eux qu'il va plaider sa cause, qui est en même temps celle de la révolution.

Si l'on en excepte un mensonge bien audacieux qu'il fait, dès les premières pages, aux partisans de Buonaparte, en prenant le ciel et la terre à témoin qu'il l'a fidèlement servi, lorsque les preuves de sa trahison envers lui sont aussi claires que le jour (1) ;

(1) Ou il a trahi Buonaparte, ou il trahissoit le Roi ;

les raisons par lesquelles il leur démontre qu'après la bataille de Waterloo, la partie n'étoit plus tenable en faveur de ce tyran, me semblent des raisons sans réplique. Une armée de onze cent mille combattans s'avançoit en bon ordre contre cent mille soldats débandés; toute tentative de résistance eût été folie. Il n'étoit donc plus question de chercher à sauver un homme qui s'étoit perdu lui-même sans ressource, mais de *servir la patrie*, de veiller *au bien public*, *au salut de tous*, grands mots qui, dans la langue révolutionnaire, signifient *servir* la révolution, et veiller au *salut* de la révolution. Que les *napoléonistes* abandonnent donc leur chimère, qu'ils se rallient sincèrement à cet ami *de la patrie*. Dans le tableau qu'il va leur présenter de la situation de la France pendant cette crise mémorable, il trouvera le moyen de leur indiquer le souverain qu'il leur faut, le vrai médiateur de toutes choses, et l'objet secret de toutes ses complaisances.

---

car rien n'est plus avéré que sa correspondance avec Gand, et l'on pourroit, au besoin, en citer les intermédiaires. La vérité est qu'il étoit traître envers tous les deux.

« On se partageoit, dit-il, sur le choix d'un
» souverain (1) : les *uns* vouloient un prince
» étranger; *d'autres* se déclaroient pour la
» régence; *quelques-uns* réclamoient la legi-
» timité; *une partie de la France* nommoit
» le duc d'Orléans : les qualités personnelles
» de ce prince, les souvenirs de Jem-
» mapes et de quelques autres victoires sous
» la république, auxquelles il n'avoit point
» été étranger, la *possibilité* de faire un
» traité *qui concilieroit tous les intérêts;* ce
» nom de Bourbon, *qui pouvoit servir au
» dehors sans qu'on le prononçât au dedans;*
» tous ces motifs, et d'autres encore, offroient
» dans ce dernier choix une perspective de
» repos et de sécurité à ceux même qui ne
» pouvoient y voir *le présage du bonheur.* »
Certes, il est impossible de s'expliquer plus clairement, de mieux saisir le véritable point de la question, de toucher avec plus de sagacité les principales difficultés de la position. Il faut des garanties à l'Europe : elle rejette

(1) Nous croyons devoir prévenir que tous les passages marqués avec des guillemets et toutes les phrases soulignées sont extraits mot à mot de la lettre de Fouché.

absolument Napoléon, qui, sous aucun rapport, ne peut lui en donner, et tout ce qui tient à lui semble devoir inspirer les mêmes alarmes ; mais le grand nom de Bourbon commande la confiance et le respect : le problème à résoudre étoit donc de lui conserver son éclat à l'égard des puissances étrangères, tandis qu'on l'auroit avili en France par l'usurpation ; et de trouver, dans cette double combinaison, le rétablissement de ces rapports extérieurs qui assurent l'existence des nations civilisées de l'Europe, et en même temps la conservation de ce système barbare et anti-social, au moyen duquel la France esclave étoit devenue la propriété d'un ramas de brigands. Ce problème est séduisant en théorie ; mais pour le mettre en pratique, le point vraiment difficile eût été et seroit encore de déterminer un prince de cette famille auguste à abjurer son honneur, sa conscience, le sentiment de sa dignité, son véritable intérêt, pour se jeter avec ce troupeau de désespérés dans un abîme de périls et d'infamies. Je ne sais si M. le duc a bien réfléchi à tout cela, et s'il n'est pas trop facilement porté à considérer comme possible ce qu'il desire avec tant d'ardeur; mais cette illusion que sa passion nourrit, à laquelle elle donne toutes les apparences, tout le charme de la réalité, va régler désormais sa conduite; et lui-même, presque sans qu'il s'en doute, prendra le soin de mettre cette conduite à découvert.

Vous l'accusez encore, révolutionnaires impatiens, de n'avoir pas défendu le droit qu'avoit la nation *de se choisir un souverain* et de *régler son existence politique.* Fouché reconnoît *ce droit* aussi bien que vous; il assure qu'il eût *été facile de l'exercer*, si Napoléon eût abdiqué au Champ-de-Mai (on voit que ce Napoléon, qu'il prétend avoir fidèlement servi jusqu'au dernier moment, lui causoit, dès les commencemens, de bien grands embarras); « mais, ajoute-t-il, lorsque son abdication » *tardive nous* courboit sous le joug des évé» nemens, ne suis-je pas *absous de tout blâme* » par la nécessité? Devois-je exposer cette » armée dont on m'accuse d'avoir paralysé le » courage et les dispositions à une destruction » entière et inévitable, livrer *notre* capitale » à l'invasion de l'ennemi, et tout perdre » ainsi *jusqu'à l'espoir d'un meilleur ave-*

» *nir ?* » Vous l'entendez, révolutionnaires malavisés, ce pilote expérimenté se promet bien de vous conduire au port à travers d'aussi furieux orages, et ce n'est pas dans ce monde qu'il veut que vous perdiez toute espérance.

Qu'exigiez-vous de lui ? « Louis XVIII » avançoit; partout, s'écrie-t-il, où l'ennemi » se trouvoit, on l'avoit déjà proclamé roi » de France. On pouvoit alors prévoir que le » *même esprit* exciteroit les *mêmes scènes* » dans la capitale. » (Il disoit, il n'y a qu'un instant, que *quelques-uns* seulement vouloient la légitimité.)

Il prévoyoit, il craignoit *les mêmes scènes* dans la capitale; par elles, en effet, le Roi devenoit arbitre souverain des destinées de ses ennemis, la monarchie reprenoit sa force et sa dignité, la révolution étoit à jamais finie. Tombez aux pieds de votre maître, révolutionnaires ingrats, rendez des actions de grâce à votre sauveur; il va reprendre ici, à l'aide du mensonge, de la perfidie et des plus odieuses manœuvres, toute sa supériorité : par une audace sans exemple, il concevra le projet de remettre le Roi de France dans une position peu différente de celle qui avoit amené le 20 mars, et par une fatalité plus étonnante encore que son audace, il y réussira. Ici commence le récit de ses conférences avec le duc de Wellington : les grands mots de *clémence* et de *modération*, que les royalistes seuls savent apprécier quand ils sortent d'une semblable bouche, séduisent et trompent une grande âme ; et de là l'erreur et la séduction pénètrent jusqu'à l'âme paternelle de notre Roi. Dans la profondeur de ses calculs, le régicide avoit même osé considérer comme possible qu'on lui permît de paroître devant le frère de Louis XVI ; et ses correspondances cauteleuses avec Gand, sa feinte union avec les royalistes, la protection hypocrite qu'il leur avoit accordée pendant les cent jours, autorisoient et sembloient justifier cette étrange présentation. Que Fouché redouble ici d'effronterie, et accumule les mensonges ; qu'il vante la force de son éloquence et la candeur de ses aveux ; qu'il présente, ainsi qu'il le trouvera bon, ce qui se passa dans cette audience fatale ; la vérité est maintenant connue : la France entière sait, et l'histoire, forcée de s'occuper de lui, redira que, tandis qu'il osoit mentir impudemment en face de son Roi, en lui peignant Paris dans l'état le plus violent d'effervescence, prêt à tout entreprendre, à tout souffrir, s'il n'obtenoit des concessions favorables à la révolte, et surtout aux chefs des révoltés, tandis que des émissaires, endoctrinés par lui, et jouant un rôle infâme dans cette scène exécrable de tartuferies politiques, accouroient successivement accroître des terreurs imaginaires, et fortifier les bruits d'une résistance insensée ; la France entière sait, je le répète, que, par une de ces combinaisons ténébreuses que la police révolutionnaire peut seule concevoir et exécuter, des brigands armés parcouroient cette grande capitale dans tous les sens, en obstruoient toutes les avenues, comprimoient, par des menaces, même par des violences, l'élan qui entraînoit toute sa population au devant de ce Roi, l'objet de tant de craintes et d'espérance, et donnoient ainsi le temps d'achever un traité frauduleux dans lequel cet excellent monarque, forcé de choisir entre un pardon impolitique et la ruine de la première de ses villes, ne crut pas devoir balancer. Tout fut dévoilé, avant même que ce prince eût commencé son entrée dans Paris, lorsque cette population innombrable, frémissante d'indignation, força enfin les barrières qu'on osoit si insolemment lui opposer, et revint, portant pour ainsi dire Louis-le-Désiré jusque dans son palais. Mais les concessions étoient faites; et comme Fouché le dit lui-même, il avoit eu soin *de les rendre publiques*, comptant assez sur une parole royale pour croire qu'elle n'useroit point de tromperie, même lorsqu'elle avoit été le plus indignement trompée : tels sont les avantages prodigieux qu'ont les méchans dans leurs traités avec les bons.

« Quelques-uns lui reprochent d'avoir accepté le ministère de la police. » Je le répète, ce ne sont pas les royalistes : ils accusent Fouché, et ne lui reprochent rien. Seroient-ce encore les révolutionnaires? En est-il d'assez aveuglés pour ne pas reconnoître que tant de fourberies et de trahisons envers tous les partis n'avoit en effet d'autre but que de parvenir à s'emparer de ce ministère, le seul important dans d'aussi périlleuses circonstances, de ce ministère que personne n'a jamais exploité aussi adroitement que lui, et au moyen duquel il étoit sûr de porter à l'instant même un secours prompt et efficace à cette chère révolution que ses enfans veulent sauver à tout prix, parce qu'ils craignent toujours de périr avec elle. Faut-il qu'il soit forcé d'expliquer ce qui est d'une évidence à frapper les esprits les plus grossiers ? Il va le faire : « Ceux, dit-il, qui » avoient dirigé le Roi pendant ses malheurs, » revenoient *avec de fortes préventions*, se » trompant *grossièrement sur notre situa-* » *tion*, et se dissimulant *leur foiblesse*. Le » temps, qui détruit tout, n'a cependant pu » *détruire leurs préjugés;* ils nous rappor- » toient *leur ancienne routine pour toute* » *expérience* (1). Dans l'état où je me trou- » vois, n'étoit-ce pas un *devoir sacré* pour » moi de m'opposer à l'orage *pour tâcher de*

---

(1) Il faut avouer que les ci-devant révolutionnaires ont fait de belles choses depuis deux ans avec leur *habileté* et leur *expérience*. En ne les interpellant que d'après leurs propres aveux *, ils seroient embarrassés de nous expliquer comment les royalistes, même les plus imbécilles, auroient pu faire quelque chose de pis.

* Voyez le rapport de M. le ministre de la police dans la présente session.

» *le dissiper ?* Ai-je poussé trop loin *la fran-*
» *chise* en supposant que si *j'éclairois les objets*
» j'arrêterois *l'impulsion rétrograde* et les
» mouvemens de haine. J'assignerois à cha-
» cun *son devoir*, j'affoiblirois le système *des*
» *passions ;* enfin, *j'empêcherois une réac-*
» *tion.* Je réussis à en imposer *à ceux que ma*
» *présence irritoit.* Ma rentrée dans les affaires
» étoit une *véritable résignation*, un *sacri-*
» *fice....* Je ne pouvois avoir, pour objet de
» mes désirs, que *l'intérêt national......* Au
» moment où j'acceptai le ministère, mon
» langage pouvoit-il donner *à aucun parti*
» l'espérance que *je le laisserois dominer sou-*
» *verainement ?* » Vous le voyez, Fouché, qui ne sert que *la patrie*, qui ne voit que *le bien public*, que l'intérêt *national*, qui, à cet effet, correspond avec Gand, en même temps qu'il siége au conseil de Saint-Cloud; Fouché qui, dans ces nobles vues, trahit lâchement tous les partis, trouve dans sa trahison même le moyen de se placer, comme une espèce de providence, entre des sujets rebelles et un monarque outragé. Il parle de la *foiblesse* des royalistes que l'Europe entière ramène en France avec le Roi; de *leur rou-*

tine et de *leurs préjugés* (1), lorsque ces mêmes royalistes, spectateurs ou victimes pendant vingt-cinq ans, de cette même révolution qu'ils entendent mieux peut-être que ceux qui l'ont faite et qui la soutiennent, l'ont tellement expliquée, qu'ils l'ont enfin fait connoître aux plus aveugles et aux plus entêtés; lorsque ces royalistes *routiniers* ont démontré (et ce sont là les révélations inquiétantes) que c'étoit dans le parti révolutionnaire que tout étoit *foiblesse;* qu'il suffisoit d'arracher de ses mains ce peuple qu'il égare, et dont il fait à la fois l'instrument et le prétexte de ses fureurs, pour le réduire à la plus misérable nullité! Voilà la véritable *réaction* qu'il

(1) Les révolutionnaires essaient toujours de renfermer les royalistes dans ce petit cercle d'émigrés qui n'avoient point revu la France depuis 1789. Que les étrangers sachent donc une bonne fois que cette France est remplie de royalistes qui ne l'ont jamais quittée, qui ont des lumières, du sens, de l'expérience, et qui connoissent à fond, sous tous les rapports possibles, et la révolution, et surtout la canaille révolutionnaire, ne l'ayant pas perdue de vue un seul instant, ni quand elle portoit des sabots, ni lorsqu'elle s'étoit chamarrée de cordons et avoit endossé les habits brodés.

falloit empêcher, et Fouché n'y a que trop bien réussi. Qu'on réduise à leur juste valeur ces paroles remarquables : *Je n'ai laissé à aucun parti l'espérance de dominer souverainement :* certes, un troupeau des plus odieux traîtres qui aient jamais déshonoré une nation ne pouvoit prétendre à conserver le pouvoir, au moment même où il s'agissoit pour lui d'éviter le supplice. Quel parti pouvoit donc espérer d'être *le parti dominant ?* on n'en voit point d'autre que celui des royalistes. Fouché, en tenant la balance entre deux partis, n'en comprime réellement qu'un seul; et lorsqu'il en sera temps, il n'est pas difficile de deviner de quel côté il laissera pencher cette balance scandaleuse : les révolutionnaires qui ne comprennent pas de telles choses ont assurément l'intelligence bien obtuse.

Ceux à qui le ciel a remis le soin de gouverner les hommes ont un droit légitime à nos respects, même lorsque nous ne sommes point au nombre de leurs sujets; et si leur caractère sacré et ses prestiges salutaires ont maintenant beaucoup perdu de leur empire; si ces prestiges s'effacent de jour en jour davantage pour leur malheur et celui de la société; ce ne sont pas, sans doute, les serviteurs fidèles de Louis XVIII qu'il faut en accuser: toujours pénétrés de ce respect profond qui est devenu pour eux comme une loi de nature, leur reprochera-t-on de le violer, s'ils relèvent avec quelque véhémence les fautes déplorables où les grands de la terre sont tombés; et dans nos malheureux temps, la voix des traîtres et des flatteurs seroit-elle seule en possession d'être écoutée? Non: il est possible encore, sans choquer des princes justes et généreux, de leur parler avec une noble liberté; et résumant tout ce que Fouché a pu employer de considérations captieuses, de raisonnemens absurdes, d'assertions dont la fausseté étoit évidente pour réussir dans cette négociation fatale, voici ce qu'une voix obscure, mais que le mensonge n'a jamais souillée, ne craindra point de leur dire: Quoi! les leçons de l'histoire et l'expérience de cette tragédie horrible, dans laquelle vous êtes depuis si long-temps ou acteurs ou spectateurs, sont-elles donc entièrement perdues pour vous? Chargés de gouverner les peuples, ignoreriez-vous encore ce que fut *le peuple* proprement dit; dans tous les temps et dans tous les lieux; éternellement enfant, éternellement soumis au plus habile et au plus fort, n'existant que par l'obéissance, par conséquent disposé naturellement à obéir, et même lorsqu'il se révolte et prétend commander, plus obéissant, ou, pour mieux dire, plus esclave que jamais ? Ce sont là des vérités communes, triviales même : les politiques sensés savent que céder aux caprices et aux passions du peuple, lorsqu'il lui arrive de les faire éclater, c'est céder uniquement aux passions ambitieuses de quelques brouillons qui le soulèvent à leur profit; que lui résister et le soumettre, c'est simplement le faire changer de maître pour son propre avantage, et, l'arrachant au joug de l'injustice et de la démence, le ramener à celui de la raison et de l'équité. Ceci est absolument vrai depuis qu'il y a des hommes réunis en société, et frappant au dernier point dans tout le cours de notre révolution : au despotisme fangeux des anarchistes succède le despotisme inepte du directoire, que remplace le despotisme atroce de Buonaparte;

c'est là toute son histoire en peu de mots (1). Dans toutes ces situations également serviles, nous voyons effectivement le peuple français perdre ses mœurs, ses lois, ses habitudes, ses traditions, non pour prendre des traditions, des lois, des habitudes, des mœurs nouvelles, mais pour se courber stupidement sous le joug de fer qui l'opprime, pour souffrir, au gré de ses tyrans, des maux, des outrages que jusque-là peut-être on n'auroit pas cru qu'il fût possible aux hommes de supporter. Et c'est lorsque ce peuple a montré au monde jusqu'où la patience humaine pouvoit aller, qu'un homme qu'on a vu, dès les commencemens, figurer au premier rang parmi ses plus odieux oppresseurs, qui, mieux qu'aucun autre peut-être, sut réduire en théorie, et exercer dans une longue pratique l'art d'en faire le jouet et l'instrument de mille iniquités, se présente hardiment devant vous, puissances de l'Europe, et

(1) Je me trompe, il faudra y ajouter le despotisme des *libéraux*, auquel on ne saura plus quel nom donner. Si la France n'est pas destinée à une entière destruction, ce sera le dernier.

au moment même où vous venez de briser les chaînes de ce peuple malheureux, ne craint pas de vous affirmer « qu'il *a perdu* » *l'habitude de la soumission ;* que *les ga-* » *ranties accordées à la liberté individuelle*, » sous le règne des jacobins et de Buona- » parte, ont fait *perdre l'activité et même* » *la force nécessaire pour comprimer l'o-* » *pinion ;* que les moyens d'obtenir de l'in- » fluence sur le peuple, sont devenus *d'une* » *extrême difficulté ;* que l'opinion publique, » *ingrédient tout-à-fait nouveau dans l'ordre* » *social* (1), a acquis *tant de considération* » *et de pouvoir*, qu'elle est devenue *rivale* » du gouvernement ; que l'obéissance, qui » *maintenant a ses droits*, fait *les plus* » *grands efforts pour les défendre ;* que » l'effet de la révolution est *d'avoir ôté à* » *la violence toute considération*, pour éta- » blir le règne *de la raison et de la persua-* » *sion.* » Il vous a tenu ce langage effronté (il le prétend du moins, car nous ne faisons

---

(1) L'opinion publique, une chose nouvelle dans l'ordre social ! on est confondu d'entendre débiter d'un ton si important de si prodigieuses absurdités.

que copier ses propres paroles), et vous l'avez cru, et vous avez de nouveau livré à un tel homme ce peuple dont vous pouviez alors tout faire, comme autrefois il en a fait tout ce qu'il a voulu! Vous l'avez cru : la colère du ciel n'étoit point sans doute apaisée, et elle réservoit dès-lors ce peuple trop coupable à de nouveaux châtimens.

Ici se développent toutes les horreurs du caractère révolutionnaire : de même que dans les revers, il sait employer sans mesure l'hypocrisie, la souplesse, le mensonge, et qu'il s'abaisse sans répugnance aux dernières des bassesses, sa prospérité semble-t-elle renaître, il reprend aussitôt toute sa violence et tout son orgueil. Fort des concessions qu'il a eu l'art d'arracher par la fourbe la plus détestable, Fouché retrouve ici sa première insolence : « Le peuple français, s'é» crie-t-il, *vouloit de la réalité et non des* » *apparences;* chaque mesure de rigueur » de la part du Roi, après les promesses » qu'il avoit faites, *étoient une trahison;* on » ne pouvoit plus compter sur rien quand » les *traités de la veille* n'existoient plus le » lendemain, et cependant il n'y eut jamais

» d'époque où il fut plus nécessaire que » *tout le monde* fût convaincu que la parole » du Roi étoit sacrée.... L'idée désolante » *d'avoir été trompé* s'empara *de tous les* » *esprits*, et la confiance fut perdue pour » toujours. Le Roi n'auroit jamais dû faire » que ce qui est grand et noble; *un seul acte* » *arbitraire* engendroit *une violente oppo-* » *sition*. Comment la punir, *alors qu'elle* » *étoit générale?* » Qui parle de la sorte, et au nom de qui parle-t-on? est-ce une puissance qui traite avec une puissance? est-ce un général qui, à la tête d'une nombreuse armée, se présente pour notifier la guerre ou demander l'exécution des traités? Non, c'est un aventurier politique qui vient d'obtenir pour ses complices le prodige de clémence le plus extraordinaire dont l'histoire puisse jamais faire mention. On est à la fois confondu d'étonnement et d'indignation : Quelle est donc cette trahison du Roi? quels sont donc ces traités de la veille violés le lendemain, lorsqu'à l'exception de quelques chefs de la conspiration que le Monarque avoit lui-même positivement exceptés, et dont le ciel et la terre sembloient demander vengeance, une amnistie sans réserve a été accordée ; une amnistie dans le sens que les révolutionnaires attachent à ce mot, c'est-à-dire renfermant avec le pardon du crime la conservation des places, des biens, des honneurs, des dignités ? S'est-il jamais rien fait de pareil dans aucun temps, et l'ingratitude n'est-elle pas ici au niveau de l'insolence ? Existeroit-il donc quelque pièce secrète dans laquelle le Roi, avant de découvrir que Fouché l'avoit si criminellement abusé, ne faisoit aucune exception à ce pardon sans exemple ? Eh bien ! si elle existe cette pièce annulée d'avance et par le cri de la France entière demandant le châtiment de quelques coupables, comme un léger soulagement à ses douleurs, et plus encore par la perfidie insigne au moyen de laquelle elle a été extorquée, si elle est entre ses mains, au ton qu'il a l'audace de prendre, aux paroles qui lui échappent, ne doutons pas qu'il ne la tienne en réserve avec l'espoir d'en faire quelque jour la première pièce du procès de Louis XVIII. Sachant par expérience comment on juge et l'on condamne les rois, il se présenteroit de nouveau au tribunal de sang, le traité d'une main, de l'autre montrant le refus de grâce fait à quelques généraux pris les armes à la main : il n'en fallut pas tant pour faire condamner Louis XVI !

Les révolutionnaires n'ont-ils point assez de preuves de la loyauté de ses intentions? Lui présentent-ils comme un nouveau grief d'avoir signé l'ordonnance du 24 juillet? Il est plus difficile ici de se disculper : toutefois il se met à leurs pieds, il les supplie, il les conjure de vouloir bien se transporter à cette époque, et considérer quel étoit l'état des choses. « *Tous les esprits* étoient pénétrés » de l'idée que le trône avoit été renversé » par une grande conspiration ; cette *erreur* » étoit *générale et profondément enracinée.* » (*Tous les esprits* sont ici pénétrés de l'idée d'une vaste conspiration, et demandent la punition des traîtres. Il a dit plus haut que *tous les esprits* accusoient le Roi de les avoir trompés, alors qu'il exerçoit quelques actes de rigueur.) Fouché combat d'abord cette idée de toutes ses forces ; il ne peut y parvenir ; un cri d'indignation s'élève de toutes parts : « Que faire » pour arrêter les proscriptions? » Il prit le parti de signer la fatale ordonnance, *afin d'enchaîner la réaction et de diminuer le nombre de ceux qu'elle désiroit sacrifier ;* il n'y laissa entrer que *ceux qu'il ne put y soustraire;* plusieurs même de ces *frères et amis* obtinrent *de lui* (il l'avoue en propres termes) *des moyens d'existence* en pays étranger (1). Enfin, telle est la douleur qu'il éprouve en signant un tel acte, que la plume lui échappe presque des mains, et qu'il affirme, avec les soupirs les plus profonds, que « s'il lui eût été possible d'effacer » de la liste des proscrits *quelqu'un des noms » pour y mettre le sien, il n'auroit pas hé- » sité un moment.* » Le dévouement peut-il aller plus loin ? La tendresse que l'on a pour les gens s'est-elle jamais exprimée avec plus d'abandon et de naïveté (2)?

---

(1) Sur quels fonds? sur ceux de l'Etat sans doute, et lorsque le Roi étoit forcé de refuser du pain à ses plus fidèles serviteurs. *Proh pudor!*

(2) Fouché, dans cette Lettre, ne s'adresse qu'une seule fois aux royalistes, pour leur demander, si, à diverses époques, il ne les a pas ménagés : astucieux traître ! les événemens n'ont que trop prouvé que tu les ménageois uniquement pour faire des dupes, et te ménager à toi-même des appuis ou des instrumens.

Qu'importe, après tout, l'absence momentanée de quelques individus dont ses travaux vont préparer le retour? N'est-il pas le maître de la police, telle qu'elle étoit sous Buonaparte? Les mêmes correspondances, les mêmes hommes, la même organisation infernale, qui, pendant si long-temps, ont mis la France entière à la disposition absolue de ce tyran, ne sont-ils pas tombés de nouveau, et comme par miracle, entre ses mains? Ils avoient trouvé des raisons suffisantes pour persuader à tous les cabinets, au Roi lui-même, « que la France (qui a con-
» servé des souvenirs *du duc d'Orléans et*
» *de la bataille de Jemmapes*) a perdu tout
» *sentiment d'affection pour son souverain*
» *légitime;* que la génération actuelle a été
» élevée dans *un système contraire à l'amour*
» *des Bourbons;* que la rentrée de Napoléon
» à Paris, à son retour de l'île d'Elbe, a *été*

Sans ces hypocrites ménagemens, il est probable que tu n'eusses jamais obtenu, pour l'opprobre et le malheur de la France, cette influence fatale dont elle ressentira long-temps encore les trop cruels effets.

» *une marche triomphale* (1), etc. » Que n'a-t-il pas tenté pour ajouter à ces assertions inconcevables l'autorité apparente des faits? L'administration de cette police à laquelle *il avoit l'honneur* d'appartenir, avoit, dit-il, *du jugement*, l'amour *de ce qui étoit bon*, de *grands talens* (2) : n'a-t-il pas su tirer un parti assez passable de tous ces élémens ? Les cris de *vive l'empereur* ne se sont-ils pas mêlés aux cris de *Vive le Roi* dans ces rassemblemens qu'une joie tumultueuse formoit tous les soirs sous les fenêtres des Tuileries ; et par suite de ces cris odieux, ainsi que des violences et des désordres qui les accompagnoient, sans que personne ait jamais été arrêté ou puni, le jardin du Roi n'a-t-il pas été fermé à son peuple, et son palais voué au silence et à la solitude? Ce ministre, à qui l'épithète de *routinier* pourroit s'appliquer avec bien plus de justesse qu'aux royalistes, n'est-il pas par-

(1) Oser écrire de pareilles choses, lorsque tout Paris est là pour en donner le démenti !...

(2) Il est certain que, pendant quinze à vingt ans, ils n'ont pas eu leurs pareils pour vexer, emprisonner, torturer, déporter, fusiller au jour et aux flambeaux, etc.; prêts, du reste, à recommencer avec le même amour *de ce qui est bon*, et au premier signal.

venu, par les moyens les plus connus et les plus usés de la révolution, à faire rentrer les journaux sous la direction de ses censeurs à gage, qui avoient été aussi ceux des cent jours, en excitant les journalistes *patriotes*, secrètement salariés par lui, à faire imprimer les plus insolentes diatribes contre les Bourbons, les plus dangereux principes contre l'ordre social? Ses émissaires n'ont-ils pas essayé d'exciter partout des mouvemens de haine contre le Roi, en cherchant à le rendre responsable des désordres inévitables que commettoient les troupes alliées, tandis que, d'un autre côté, donnant une interprétation maligne aux démarches et aux intentions de ce prince malheureux, ils faisoient mille efforts pour aigrir contre lui ces mêmes alliés, qui cherchoient vainement à comprendre ce qui se passoit, et auprès de qui la nation et son souverain étoient également calomniés au profit de quelques factieux? N'a-t-il pas su, avec une adresse détestable, tirer parti de cette indignation que faisoient naître dans tous les cœurs honnêtes les concessions faites à son parti, pour rejeter sur le monarque lui-même cette mesure révoltante et malheureuse, qui n'étoit que le résultat des piéges dont ce traître l'avoit enveloppé ? Ne vit-on pas les conspirateurs revenir en foule à Paris, et sous son égide protectrice, conspirer de nouveau avec la même impunité qu'avant le 20 mars ? Enfin, une fermentation sourde ne se répandit-elle pas dans la France entière avec des indices suffisans pour entretenir l'erreur où l'on avoit su plonger le Roi, trop vagues pour qu'il pût en reconnoître le caractère, et démêler la véritable opinion de l'opinion mensongère que l'on présentoit sans cesse devant ses yeux ? Fouché prétend que tant qu'il resta au ministère, il ne fut que *sourdement attaqué*. Il ment : deux écrits qui circulèrent dans Paris, malgré tous ses efforts pour en arrêter la publication, l'attaquèrent pour ainsi dire corps à corps, dévoilèrent ses manœuvres, et désignèrent le but où il marchoit déjà ouvertement (1). Ils ne firent que devancer de quelques instans la voix pu-

(1) *Du Ministère*, par M. de Massacré ; *des Révolutionnaires et du Ministère actuel.* Je me déclarai l'auteur de ce dernier ouvrage au moment même où il fut saisi.

blique, qui le signaloit de toutes parts comme le seul autéur de cette honte nouvelle dont on couvroit la France, et des dangers nouveaux dont on se plaisoit à l'environner. Mais ce qui lui porta le coup mortel, ce qui le foudroya, en quelque sorte, et dans ses projets, et dans ses espérances, ce fut le résultat inattendu des élections, et cette élite de la France, qui, ramenant avec elle dans le sanctuaire des lois l'honneur, la religion, la justice, sembloit dresser d'avance son acte d'accusation. Aussi la chambre est-elle l'objet de ses plus violentes fureurs, et la manière dont il en parle est peut-être ce qu'il y a de plus curieux dans son incroyable épître : « Quel succès pouvoit-on espérer dans une » assemblée où *le parti de l'exagération* » avoit l'influence ; quand ce parti regardoit » l'*anarchie la plus intolérable* comme *l'ins-* » *trument nécessaire* pour rétablir l'ordre ? » Que pouvoit-on dire à des hommes qui ne » *voyoient que violence dans la force et le* » *pouvoir du Roi*, et que *trahison* dans le » langage *de la modération ?* Appelé à parler » *sur les grands intérêts* de la nation, quels » moyens a-t-on pour se faire entendre de

» ceux qui n'ont à délibérer que *sur l'or-*
» *gueil de quelques individus* (1)? Qu'ajouter
» à tout ce que j'avois déjà dit pour conjurer
» ces *hommes violens* de sacrifier *leur ven-*
» *geance personnelle* au bien général, et de
» ne penser *qu'au bonheur de tous*, etc. etc. »
Certes, de telles injures sortant de la bouche
d'un tel homme, peuvent être considérées
comme l'argument le plus fort qu'on ait en-
core présenté en faveur de cette chambre im-
mortelle, et ses détracteurs doivent être un

---

(1) *L'orgueil de quelques individus !* C'est là le raisonnement sans réplique, l'argument de réserve des démagogues révolutionnaires. Quand on leur a démontré que les doctrines qu'ils prêchent, qu'ils réclament, qu'ils justifient, sont contraires au bon sens, à l'équité, à l'expérience des siècles, au maintien de l'ordre, à tous les principes de la société, ils finissent par répondre : « C'est la volonté de vingt-sept millions » d'hommes contre celle de cinquante mille individus : » elle doit l'emporter. » Cela est absurde dans tout état de cause et mille fois faux dans la position actuelle de la France. Le peuple y est aussi disposé à l'obéissance qu'en quelque pays que ce puisse être ; et pour le porter de nouveau à la révolte, ce seroit, comme en 89, une nécessité nouvelle de le *soudoyer* et de l'*affamer*.

peu honteux de se rencontrer si juste avec un Fouché, ou pour mieux dire de n'en être que les échos.

Qui le croiroit cependant? dans cet écrit uniquement dirigé contre les vrais partisans de la monarchie que Fouché appelle élégamment les *ultra-royalistes* (1), et qu'il représente comme *vainqueurs*, tandis que *tout le reste de la France est vaincu*, il y a une longue diatribe contre la police actuelle, diatribe dans laquelle ce grand-maître, armé de la férule, pose les principes, indique à ses élèves les prétendues fautes qu'ils commettent, et les moyens propres à les réparer. Ainsi donc, à l'entendre, tandis que les ultra-royalistes *triomphent*, les patriotes *sont persécutés*. Il faut que dans sa retraite profonde, M. le duc ait reçu de bien étranges

---

(1) Il y a encore ici *de l'écho*. Toutefois cette dénomination commence à tomber à force de ridicule, et je conseille aux grands faiseurs d'en inventer quelque autre. On assure qu'ils sont déjà fort embarrassés de savoir ce qu'ils pourront substituer aux *idées libérales* et au siècle *des lumières*, ces deux mots ayant aussi prodigieusement vieilli depuis quelques semaines.

rapports sur ce qui se passoit déjà en France à l'époque où il écrivoit ces singulières pages; ayant laissé dans cette police un si grand nombre d'amis et de créatures, il devoit s'attendre à être mieux servi : toutefois jusqu'à ce qu'il soit démontré sans réplique qu'il ait été réellement trompé, et si complétement, si grossièrement, sur un point qui est pour lui d'un si vif intérêt, il permettra de soupçonner qu'il *fait semblant* de se fâcher, et qu'une sortie aussi violente pourroit bien n'être qu'un *compérage* convenu d'avance et depuis long-temps (1), une sorte de mystification qui va directement à l'adresse des royalistes *bonnes-gens*, mais qui cette fois-ci n'y parviendra pas, parce que maintenant les plus aveugles y voient clair, que toutes ces farces révolutionnaires sont

(1) Qu'on lise la troisième partie d'un pamphlet, intitulé : *De la Monarchie avec la Charte*, et dont les auteurs véritables se cachent sous le nom de *Léon de Saint-Marcel.* Nous avons quelque raison de croire que cette brochure, qui n'est, presque d'un bout à l'autre, qu'une apologie cynique du ministère de Fouché, n'a point été composée ni publiée sans l'autorisation et même l'approbation de la police actuelle.

connues des moins subtils, et qu'après avoir été si souvent trompé, ce seroit mériter de l'être toujours, que de ne pas chercher désormais dans une méfiance sans réserve envers les élèves et les amis de M. Fouché, les garanties les plus sûres de notre salut.

Je crois avoir touché les points principaux de cet impudent écrit ; je l'ai attaqué principalement dans le récit mensonger des faits, dans l'exposé hypocrite des intentions, dans l'audace criminelle des aveux, dans l'insolence inouïe des récriminations : qu'on me dispense de l'examiner dans le vague de ses raisonnemens, dans ses contradictions grossières, dans ses doctrines monstrueuses. Sur la balance des pouvoirs, sur les droits du peuple considéré *numériquement*, sur son importance politique, sur la théorie des révolutions, sur le progrès des lumières, sur la légitimité, etc. etc. Fouché ne dit rien qui ne coure les rues, qui n'ait été dix mille fois dit par tous les philosophes, orateurs, publicistes de sa secte ; et je ne pense pas que le dernier d'entr'eux ait jamais présenté ces folies atroces sous une forme plus obscure, plus repoussante et plus abjecte. A chaque paragraphe, et pour ainsi dire à chaque ligne, on est étonné de voir qu'un homme qui a joui d'une grande réputation d'habileté, ne sache ni penser, ni écrire, ni donner à ses sophismes quelqu'apparence spécieuse qui arrête un moment les esprits. Cet homme parle encore comme il parloit en 93, de la *patrie*, du *peuple*, de la *nation;* c'est toujours cette même doctrine politique, toute composée d'abstractions, qui place les *patriotes* dans une position où, eux seuls exceptés, les hommes ne se sont jamais trouvés, depuis que le monde existe, position dans laquelle il leur est permis (et cette permission n'a jamais été accordée qu'à eux seuls) de tout violer, de tout détruire, les droits, les devoirs, les sermens, les affections, les habitudes, les préjugés les plus utiles, les lois les plus sacrées, pour l'intérêt de la *nation*, du *peuple*, de la *patrie*, dont ils se sont constitués les juges, les arbitres, les défenseurs, les sauveurs, surtout les *propriétaires*, et qu'ils continueront de juger, de sauver, de défendre et surtout *d'exploiter*, tant que les rois de l'Europe et les autres chefs légitimes des sociétés civilisées jugeront à propos de traiter avec eux autrement que par l'entremise des gendarmes et des tribunaux.

Mais ce qui passe toute croyance dans cette production si éminemment révolutionnaire, c'est l'orgueil de son auteur. A moins de l'avoir vu de ses propres yeux, il est difficile de croire qu'un Fouché parlant de lui-même, rappelle presqu'à chaque page sa vie *honorable*, la *hauteur* de ses propres sentimens, celle où l'ont placé *l'estime publique* et la *confiance* de la *nation*, etc. etc. L'impunité du crime, si long-temps prolongée, et l'habitude d'une prospérité insolente, seroient-elles suffisantes pour produire un si déplorable aveuglement? Je ne puis le penser : on a vu Buonaparte annoncer des mémoires justificatifs de ses faits et gestes; Fouché, dès les premières lignes de cette même lettre, promet un récit de sa *longue* administration, où il expliquera tout à son avantage *les causes et les effets*. Dans cette inquiétude, qui semble les tourmenter sur le jugement de la postérité, et dans leurs vains efforts pour essayer de la tromper, comme ils ont si long-temps trompé leurs contemporains, ces grands coupables découvrent sans le vouloir le trouble de leur conscience, et se montrent sans doute plus hypocrites qu'aveuglés. Ecrivez, malheureux ! dans vos écrits mensongers, dénaturez les faits, expliquez les intentions, arrangez des apologies : nous vous répondrons en ouvrant les pages du Moniteur, ces pages plus durables que l'airain, et que vous avez tracées vous-mêmes, comme si la Providence vous eût condamnés à élever de vos propres mains l'éternel monument de votre infamie ; nous les publierons en pages sanglantes, sans réflexions ni commentaires ; et l'assassin de Louis XVI, le féroce mitrailleur de Lyon n'y paroîtra pas moins vil ni moins exécrable que le bourreau de l'Europe, et le lâche meurtrier du duc d'Enghien.

LETTRE DE FOUCHÉ

AU

DUC DE WELLINGTON.

Un législateur de l'antiquité, célèbre par sa sagesse, Solon, étant parvenu à rétablir la tranquillité dans son pays, mit la paix publique et la réconciliation sous la garantie et la sauvegarde du ciel (1). C'est là, Milord, l'exemple que je recommandois au Roi de France.

J'interpelle votre témoignage, d'autant plus important qu'il a pour garantie votre gloire et votre caractère. Les maux étoient grands; il ne falloit pas

---

(1) Il n'y a rien à redire à ce début : toutefois je crois devoir faire observer que le soi-disant *Léon de Saint-Marcel* l'a inséré tout entier dans son pamphlet apologétique déjà cité (troisième partie, pag. 191.) Pour de tels écrivains, Fouché n'est pas seulement un grand homme dont il faut louer les actions, mais encore un auteur *classique*, dont il faut imiter les écrits et emprunter les pensées.

se tromper dans le choix des remèdes. Notre existence sociale et notre bien-être en dépendoient; mais ma voix fut étouffée par celle des passions. Les conseils de la modération furent interprétés comme autant de piéges, et les insensés calomnièrent mon ministère sous la république, sous Napoléon, et sous Louis XVIII.

Je ne voudrois pas ennuyer le public du récit d'une longue et pénible administration, si elle ne tenoit pas étroitement à des faits dont la vérité mérite d'être connue. Je les rapporterai avec ordre, et les présenterai dans toute leur clarté; car plusieurs ont été mal interprétés, et d'autres sont restés entièrement inconnus. J'indiquerai les véritables causes de tant d'événemens passés sous nos yeux; je découvrirai les ressorts les plus secrets des passions qui les ont amenés; je répandrai la clarté sur les révolutions successives qui changèrent une vieille monarchie en république, et la république en un empire, dont on fit enfin le royaume des Bourbons (1).

Tandis que je m'occupe de ce travail important, je sens le besoin de croire qu'en fournissant de tels matériaux à l'histoire je donne un nouveau témoignage de mon amour pour la patrie. Mais, Milord,

(1) Une vieille monarchie dont *on fait enfin le royaume des Bourbons!* et cette monarchie est la monarchie française. Ah! que la haine rend absurde!

le temps s'écoule, et je ne sais si les choses ne seront pas changées avant que mes Mémoires n'aient vu le jour (1).

En attendant, je tâcherai de satisfaire aux désirs de ceux qui voudroient avoir des éclaircissemens sur des circonstances qui me sont personnelles, et qu'on a tant défigurées. Personne ne peut mieux rendre justice à mes principes et à mes intentions que Votre Grâce. Depuis le 19 juin, jour où j'eus, pour la première fois, l'honneur de correspondre avec vous, jusqu'au moment où j'ai quitté la France, toute ma conduite est ouverte devant vos yeux. Je sais, Milord, que vous m'avez toujours rendu la justice que j'invoque; voilà ce qui me détermine à vous adresser le compte de ma conduite, afin que vous puissiez trouver de nouvelles armes pour me défendre. Je ne crains pas de vous donner de nouveaux droits à ma reconnoissance, parce que je sens que mon cœur peut y satisfaire.

Les circonstances sur lesquelles on demande des explications sont : 1°. le retour du Roi; 2°. mon acceptation du ministère de la police; 3°. l'ordonnance du 24 juillet; 4°. ma mission à Dresde; 5°. les causes qui m'ont empêché d'entrer dans la Chambre des Députés.

(1) Il n'explique point ici s'il craint ou souhaite ce changement : abandonnons ce point à l'intelligence du lecteur.

J'étois président du gouvernement français lorsque les alliés avancèrent sur Paris; Napoléon avoit abdiqué, mais se trouvoit encore au palais de l'Elysée, et vouloit se mettre, comme général, à la tête de l'armée française. Cette offre ne put être acceptée. Onze cent mille baïonnettes étrangères s'avançoient sur notre territoire, et nous n'avions pas cent mille hommes sous les armes. Ainsi la retraite fut conclue, et Napoléon invité à quitter Malmaison où il s'étoit retiré, et à s'embarquer pour les Etats-Unis. Il a pu, à cet égard, mal interpréter mes sollicitations pressantes, car dans l'infortune l'âme s'ouvre facilement au soupçon; mais je suis assuré de ne mériter aucun reproche. Je ne l'avois pas servi comme les autres courtisans; je ne suivis pas leur exemple en l'abandonnant lorsque la fortune lui fut contraire. Personne plus que moi n'admiroit la puissance de son génie; mais aussi personne mieux que moi n'étoit persuadé que sa présence jetteroit la France dans les plus grands malheurs: c'est pourquoi je le conjurai de quitter le continent. L'armée française se ressouvenant de sa gloire ne comptoit pas ses ennemis: elle brûloit de les combattre. Milord, vous connoissez la valeur des soldats français; vous avez su apprécier leur résignation, lorsqu'avec les regrets les plus amers ils se déterminèrent à une retraite affligeante. Dans la crise épouvantable où nous nous trouvions, il étoit difficile de prendre un parti sans faire naître des soupçons. En France, l'opinion étoit bien partagée, relativement au choix du monarque qui devoit succéder à Napoléon. On (1) craignoit que l'arrivée des Bourbons n'amenât des réactions et des vengeances; on ne pouvoit se persuader qu'une dynastie qui avoit tant souffert pendant la révolution pût pardonner de bon cœur. Les maux qu'on craignoit pouvoient n'être qu'imaginaires; mais ce sont ceux-là qui sont le plus à redouter, parce que l'imagination n'a pas de bornes.

Tous ceux qui depuis vingt-huit ans ont parcouru la carrière civile ou militaire, et qui ont acquis de la considération, de la fortune et de la gloire, ne pouvoient voir le retour des Bourbons sans éprouver des inquiétudes trop fondées. Les uns vouloient un prince étranger, qui n'eût point d'intérêt à renverser ce qui existoit. D'autres se déclaroient pour la régence ; mais une régence au nom de l'impéra-

(1) *On* craignoit, *on* ne pouvoit se persuader, etc. — Il est à propos de bien faire attention à cet emploi fréquent que fait l'auteur de la particule *on*. C'est une manière de parler peu exacte qui ôte souvent à sa phrase toute clarté et toute précision. A la place de ce mot *on*, mettez les *buonapartistes*, les *jacobins*, les *révolutionnaires*, et vous aurez alors un sens net et précis.

trice et de son fils rappeloit trop le souvenir de Napoléon. Cette pensée inspiroit à la France et à l'Europe des craintes mutuelles. Une partie de la France nommoit le duc d'Orléans. Les qualités personnelles de ce prince, les souvenirs de Jemmapes et de quelques autres victoires, sous la république, auxquelles ils n'avoit point été étranger, la possibilité de faire un traité qui concilieroit tous les intérêts; ce nom de Bourbon qui pouvoit servir au dehors sans qu'on le prononçât au dedans, tous ces motifs, et d'autres encore, offroient, dans ce dernier choix, une perspective de repos et de sécurité à ceux même qui ne pouvoient y voir le présage du bonheur.

Quelques-uns réclamoient la légitimité, mais en appliquant faussement de principe. La légitimité n'est qu'une convention politique; et seulement pour le peuple qui l'a faite. La légitimité une fois adoptée est utile, en ce qu'elle oppose une barrière à l'ambition; mais auprès des grands droits des nations, le droit des dynasties n'est rien. A l'égard des souverains entr'eux, la légitimité n'est autre chose que le premier acte par lequel les rois se reconnoissent entr'eux. La guerre, les conquêtes détruisent les effets de cet acte.

La Pologne partagée en est un exemple. Napoléon usurpateur ou prince légitime (et il l'étoit pour tous les souverains excepté Louis XVIII), Napoléon n'en eût pas moins perdu la couronne.

D'après les principes qui règnent dans l'Europe actuelle, tout homme à qui il prendroit fantaisie d'imiter Napoléon verroit certainement la guerre et les coalitions naître autour de lui, et subiroit le même sort que son modèle. La légitimité, considérée même comme loi politique, souffre encore de grandes exceptions. Montesquieu admet que les rapports entre la dynastie et le peuple peuvent devenir si insupportables qu'on devra nécessairement changer cette loi pour sauver le pays (1).

J'ajouterai à mon Mémoire ma correspondance avec les ministres des hautes puissances, et les généraux des armées; elle prouvera que j'ai su maintenir la dignité de la nation. Ces négociations se montrent sous des couleurs variées qu'il a fallu leur donner, soit par nécessité, soit par précaution.

---

(1) On n'a jamais réuni dans un plus monstrueux amalgame la souveraineté du peuple, le gouvernement *de droit* et le gouvernement *de fait*, les rapports politiques des nations entr'elles, et les devoirs des sujets envers leur prince, le tout pour arriver à cette belle conclusion, *que la légitimité n'est pas légitime*. L'auteur cite Montesquieu : on s'en étonne d'abord; mais il est arrivé à ce beau génie d'avoir quelques idées fausses, d'avancer quelques paradoxes absurdes et même dangereux : Fouché prend son bien où il le trouve.

J'avois soin d'appuyer mes demandes sur des preuves, pour en faire mieux connoître l'importance. Quelque désespérées que fussent les affaires, il y avoit toujours des points sur lesquels on pouvoit insister ; car dans la perte de l'indépendance il y a plusieurs degrés de malheur (1). On juge bien mal la situation où je me trouvois, si l'on s'obstine à me reprocher de n'avoir pas défendu le droit qu'avoit la nation de se choisir un souverain, et de régler son existence politique. La force des circonstances avoit décidé ces deux grandes questions : le présent n'étoit plus en mon pouvoir. Tout seroit devenu facile si Napoléon avoit abdiqué au Champ-de-Mai ; son abdication tardive nous courboit sous le joug des événemens; je crois que la nécessité m'absout de tout blâme : car, où elle agit, que peut la force humaine ? On n'a nullement saisi le point de la difficulté. Ceux qui vouloient éloigner les Bourbons croyoient que le choix d'un souverain n'étoit que d'un intérêt secondaire : c'étoit une erreur. On pré-

---

(1) Et le dernier degré de ce malheur eût été que les Bourbons se fussent si solidement rétablis sur leur trône qu'il eût fallu perdre jusqu'à l'espérance de les en faire descendre une troisième fois. Que l'on saisisse bien cette idée, qu'on s'y attache : c'est comme une espèce de fanal au moyen duquel on verra clairement mille choses qui, sans elle, pourroient sembler obscures et même impénétrables.

tend que j'ai paralysé le courage et les dispositions de l'armée : ceux qui le croient ne connoissent pas les forces respectives qui se trouvoient en présence. De nouveaux prodiges de valeur n'auroient servi qu'à faire immoler les restes de l'armée, et à livrer notre capitale à l'invasion de l'ennemi. Le plus grand danger pour un pays est la solution de tout lien social ; alors il n'y a plus ni existence publique, ni existence privée, tout est anéanti, jusqu'à l'espoir d'un meilleur sort. Pendant cette lutte d'opinion, Louis XVIII avançoit, et partout où l'ennemi se trouvoit, on l'avoit déjà proclamé Roi de France : on pouvoit prévoir alors que le même esprit exciteroit les mêmes scènes dans la capitale.

Le Roi étoit à Saint-Denis, lorsque j'eus avec Votre Grâce la première entrevue à Neuilly. Je ne cherchai point à diminuer le tort de ceux qui avoient trahi les Bourbons ; mais je soutins que ce trône rétabli ne pouvoit être consolidé que par la clémence et l'entier oubli du passé. Ce qui est sage dans un moment de bon ordre, peut devenir démence dans un état de trouble.

Tel étoit accusé de trahison qui n'avoit été entraîné que par la crise générale. La prudence commandoit l'indulgence à cet égard. Tant que quelqu'un croit ne pas avoir abandonné le sentier de ses devoirs, on peut encore l'y ramener (1). Mes vues obtinrent, Milord, votre suffrage ; les idées de modération sembloient gagner en force depuis que Votre Grâce en étoit devenue l'organe. Dans ces circonstances sans exemple, le rang où nous étions placés, et l'accord de nos principes sur le régime futur de la France, devoient avoir, ce me semble, une grande influence sur la destinée de ce royaume et sur celle de l'Europe.

Le jour suivant je tins le même langage au Roi, lorsque j'eus l'honneur de le voir à Saint-Denis; je lui remis une lettre dans laquelle je détaillois avec franchise tout ce qui me paroissoit propre à lui gagner les cœurs et concilier tous les partis; en un mot, à réunir sincèrement le peuple et le monarque. Mon discours sembloit avoir fait de l'impression sur le Roi; il voyoit que nous avions besoin de repos pour rassembler les élémens que le temps et les circonstances avoient dispersés. Il parut sentir la nécessité de voiler les fautes commises, et de gagner la confiance par une modération et une loyauté exemplaires. Cette conversation, que je m'efforçai de rendre

---

(1) Nous avons vu de la politique de Fouché; voici de sa morale. Jusqu'à lui on avoit cru que le dernier degré de l'abrutissement dans le crime étoit de le commettre sans remords, et comme s'il n'étoit pas crime : il nous apprend le contraire.

publique, laissa entrevoir le terme de nos discordes et de nos malheurs; mais le peuple français vouloit de la réalité, et ne se contentoit pas de l'apparence.

Quelques-uns me reprochent d'avoir accepté du Roi le ministère de la police: certainement il étoit plus rassurant pour moi de me retirer des affaires immédiatement après la capitulation; mais il étoit plus grand de présenter le front aux événemens. Ceux qui avoient conduit le Roi pendant ses malheurs, revenoient avec de fortes préventions, se trompant grossièrement sur notre situation, et se dissimulant leur foiblesse. Le temps, qui détruit tout, n'a cependant pu détruire leurs préjugés: ils nous rapportoient leur ancienne routine pour toute expérience. Dans l'état où je me trouvois, n'étoit-ce pas un devoir sacré pour moi de m'opposer à l'orage pour tâcher de le dissiper? Ai-je poussé trop loin la franchise en supposant que si j'éclairois les objets, j'arrêterois l'impulsion rétrogade, et les mouvemens de haine; j'assignerois à chacun son devoir, j'affoiblirois le système des passions; enfin, j'empêcherois une réaction. On sait bien où celle-ci peut commencer, mais on ne sait pas quand on en peut comprimer l'essor. Je réussis à en imposer à ceux que ma présence irritoit. Tant que je fus ministre je ne fus que sourdement attaqué; ce n'est que depuis mon départ qu'on a osé me rendre l'objet d'une diffamation publique.

Ma rentrée dans les affaires étoit une véritable résignation, un sacrifice. Pour un homme inexpérimenté ou vain, un ministère peut avoir des chances telles qu'il se résolve à braver les périls qui l'accompagnent, ou bien l'illusion du pouvoir lui en dissimule les orages. Mais pour moi le ministère ne pouvoit plus être un objet d'ambition. Tout alors étoit trouble et danger. Quand on me vit accepter le ministère, on put dire que je cherchois à terminer une vie honorable par une mort glorieuse. Si j'avois eu en vue seulement mes intérêts personnels, j'aurois plutôt cherché à enflammer la noble colère de l'armée qu'à la calmer (1); on ne m'auroit pas vu frissonner à l'idée de Paris tombant en ruines, et noyé dans le

(1) M. le duc oublie ici qu'il a reconnu plus haut que toute résistance de cent mille soldats contre onze cent mille combattans eût été la dernière des extravagances. Il est également difficile de comprendre comment son ambition eût pu être satisfaite en faisant détruire ces débris d'une grande armée, avec lesquels c'eût été pour lui-même une nécessité de périr, et sans doute avec toute l'igominie qu'il a mille fois méritée. Quant à ses frissonnemens à l'aspect de Paris tombant en ruines et noyé dans le sang des Français, sans entrer dans de plus grands détails, et sans compter tout le reste, nous nous bornerons à lui demander si les LYONNAIS n'étoient pas *Français* aussi bien que les Parisiens : *quid ais, omnium !*.....

sang des Français. Si j'avois pris ce dernier parti, l'ambition auroit pu être satisfaite : j'ai préféré celui que prescrivoient l'honneur et l'humanité. L'on conçoit en effet qu'une ambition commune se contente d'obtenir un ministère sous la condition d'être le chef d'une faction ; mais moi, à la hautenr où je me trouvois placé par mes propres sentimens et l'estime publique, je ne pouvois avoir pour l'objet de mes desirs que l'intérêt national. Qu'on se donne la peine de relire la lettre que j'écrivis au Roi au moment où j'acceptois le ministère, et on ne me reprochera pas d'avoir changé de principes (cette lettre se trouve dans le Moniteur). Mon langage pouvoit-il donner à aucun parti l'espérance que je le laisserois dominer souverainement? qu'on juge mes paroles et mes actions pendant ma vie, non pas en composant un temps avec un autre (1), mais en comparant ce qu'on a dit de moi à chaque époque où je parlois et où j'agissois. Si je n'ai pu gouverner les événemens, au moins suis-je assuré d'avoir fait tous mes efforts pour en affoiblir le cours destructeur. Ne m'a-t-on pas toujours vu entre l'oppresseur et l'op-

(1) M. le duc d'Otrante voudroit bien qu'on oubliât le *sans-culotte* Fouché ; cela est impossible. Lui-même l'a-t-il oublié ? Non, sans doute. Ce souvenir le poursuit dans son exil comme il l'a poursuivi au milieu de ses fausses et coupables grandeurs : *post equitem sedet atra cura.*

primé? Je ne veux pas me montrer plus grand que je ne le suis : l'expérience m'a appris de bonne heure qu'on est plus sage dans le malheur que dans la pospérité. Je me trouve entre deux partis dont l'un me reproche d'avoir servi le Roi, l'autre Napoléon: ce dernier parti ne se souvient plus qu'il le craignoit moins lorsque je l'entourois. Quel langage ai-je tenu à l'empereur quand il revint de l'île d'Elbe? je le conjurai de ne pas humilier la nation par des amnisties mensongères. Je n'ai cessé de lui répéter qu'il devoit oublier tout ce qui s'étoit passé pendant son absence. Ma conduite ministérielle n'a prouvé qu'une chose, c'est que chez moi les devoirs envers la patrie occupent toujours le premier rang. Je dois à la faveur de la nation d'avoir été appelé aux affaires d'Etat sous divers gouvernemens qui n'ont croulé successivement que parce qu'ils ont rejeté les vérités que j'avois eu le courage de leur montrer.

J'ai été surpris de l'imputation qui m'a été faite d'avoir trahi le Roi, en ne faisant pas connoître les véritables sentimens de son peuple.

Moi! par une flatterie insipide, j'aurois cherché à persuader à un prince éclairé, que son absence de vingt-cinq ans n'avoit pas altéré les sentimens de son peuple pour lui; d'un peuple dont toute la génération vivante a été élevée dans un système contraire à l'amour des Bourbons!...

Quelle impudence d'oser tenir un pareil langage, quand on a été témoin de la rentrée triomphante de Napoléon à Paris, à son retour de l'île d'Elbe, tandis que les Bourbons ne trouvoient pas même un asile dans toute la France! Certes je n'avois pas l'intention de tromper le Roi, lorsque je le sollicitai d'apaiser les esprits, en tranquillisant chacun sur sa sûreté personnelle; c'étoit le seul moyen de donner de la solidité à l'Etat, et de la durée au gouvernement. Le pardon faisoit ici partie de la justice : qui, de nos jours, ignore que les crises politiques ne sont jamais le résultat des combinaisons de quelques individus, et qu'elles entraînent dans leur sphère tout ce qui en approche? La clémence a sans doute des inconvéniens; mais les événemens et la capitulation qu'on venoit de faire sembloient devoir rejeter tout autre système. Chaque mesure de rigueur de la part du Roi, après les promesses qu'il avoit faites, étoit une trahison. On ne pouvoit plus compter sur rien, quand les traités de la veille n'existoient plus le lendemain; et cependant il n'y eut jamais d'époque où il fut plus nécessaire que tout le monde fût convaincu que la parole du Roi étoit sacrée : la moindre infraction à cette parole royale devoit lui aliéner tous les cœurs; l'idée désolante d'avoir encore été trompé s'empara de tous les esprits, et la confiance fut perdue pour toujours. Le Roi n'auroit jamais dû faire que ce qui est grand, noble. Un seul acte arbitraire engendroit une violente opposition : comment la punir, alors qu'elle étoit générale? comment la contenir sans aucuns moyens de répression ? et si l'on ne pouvoit pas y mettre de bornes, quand les craintes auroient-elles cessé? une amnistie pleine et entière et sans conditions étoit donc nécessaire, puisqu'il étoit impossible au Roi de punir sans nuire à sa cause. Néanmoins j'éloignai de Paris tous ceux dont la présence auroit pu choquer les Bourbons. Je leur fis donner des passeports, et j'ai fourni à plusieurs, j'ose l'avouer, les moyens d'exister en pays étranger. Cette mesure ne parut pas suffisante : ceux à qui le malheur n'avoit donné aucune expérience, ne pouvoient concevoir la possibilité de régner sans une liste de proscription, sur laquelle alors, comme présentement, chacun voulut voir figurer son ennemi. Le ministère n'y laissa cependant que ceux qu'il ne put y soustraire.

Je prie ceux qui me reprochent d'avoir signé l'ordonnance du 24 juillet, de se placer à cette époque. S'il m'eût été possible d'en effacer quelques-uns des noms qui y sont contenus, pour y mettre le mien, je n'aurois pas hésité un moment ; mais jugeons sans préjugés de l'état des choses.

Tous les esprits étoient pénétrés d'avance de

l'idée que le trône avoit été renversé par suite d'une grande conspiration, qu'un grand nombre de personnes avoient trempé dans le complot qui avoit remis Napoléon sur le trône, que la majorité conservoit encore une certaine aversion pour le gouvernement, dont le développement pouvoit un jour troubler l'Europe.

J'ai combattu cette erreur funeste de tout mon pouvoir et de tous les moyens possibles ; elle étoit si générale et si profondément enracinée, que même ceux qui avoient le plus grand intérêt à la détruire, gardoient le silence. Des événemens solennels ont maintenant justifié mes paroles et mes écrits.

Le nombre des personnes dévouées à Napoléon n'étoit pas très-considérable (1); le peuple désiroit un nouvel ordre de choses, mais il craignoit son despotisme. Pour gagner l'opinion publique, il fut forcé d'annoncer que l'Angleterre et l'Autriche le soutenoient; ses proclamations firent croire au peuple qu'il revenoit plus grand, mûri par la réflexion durant son exil, qu'il étoit guéri de son ambition ;

---

(1) Il a dit plus haut que tandis que Napoléon revenoit triomphant de l'île d'Elbe, les Bourbons ne trouvoient pas même un asile en France ; *et il n'y a pas eu de trahison !* Il est impossible de se contredire plus grossièrement, de mentir plus maladroitement que ne le fait un homme qui a une si grande réputation d'habileté.

après avoir éprouvé tous les malheurs que la fortune et les événemens de la guerre peuvent entraîner avec eux.

Les Français (1) sont saisis d'une joie extraordinaire, et prennent aussitôt confiance. Ils croyoient que Napoléon recommenceroit une nouvelle vie, un nouveau règne, après avoir, pendant un an, appris dans l'ile d'Elbe, comme dans un tombeau, tout ce que la vérité et la haine disoient en Europe de son premier règne et de sa première conduite.

L'idée d'une conspiration fut répandue par ceux qui désiroient les proscriptions. Ma démission, avant d'en avoir prouvé la fausseté et la méchanceté, m'auroit rendu victime de mille gens. Je pris la résolution de signer l'Ordonnance du 24 juillet, afin d'enchaîner la réaction, et de diminuer le nombre de ceux qu'elle désiroit sacrifier. Si je m'étois rétiré, on m'auroit accusé de tous les maux que j'ai prévenus en restant à mon poste. Pour apprécier convenablement ma conduite, qu'on observe que ce ne sont pas les passions qui ont eu l'avantage, mais quelle place ces passions m'assignent, quelle est la première victime qu'elles montrent au doigt.

Que mes Rappôrts au Roi soient relus (ils ont

---

(1) Les *Français !* ce mot remplace ici la particule *on* dont nous avons parlé plus haut. (Voyez la note 4.)

été tronqués (1); je les donnerai naturels, et sans y rien changer): qu'on y cherche les motifs de cette haine dont je suis l'objet. La nation les a compris. J'entrerai dans quelques détails, pour répondre à ceux qui ont trouvé que mes Rapports au Roi n'étoient pas assez respectueux, et que mon administration n'avoit rien d'avantageux pour lui. Je ne suis pas moins affligé d'être accusé d'avoir dit au Roi de dures vérités, que de l'être de lui avoir donné des consolations vaines et mal fondées, et des espérances incertaines. Que les princes sont dignes de pitié! Leurs palais retentissent de cris d'alégresse, et le peuple fait des vœux pour le bonheur des autres, et non pour celui des rois.

Comme il étoit de mon devoir de dévoiler sans déguisement l'intention de l'Etat (2), il étoit nécessaire, avant tout, d'attirer l'attention du Roi sur les malheurs et les dangers qui entouroient son pouvoir. Le trône étoit ébranlé jusque dans ses fondemens;

---

(1) Ses rapports au Roi ont été tronqués! les innombrables copies de ces rapports, dont la France fut en un moment inondée, se fabriquoient dans ses bureaux : c'étoit un bruit public au moment même où on les faisoit circuler.

(2) Dévoiler *l'intention de l'Etat;* qu'entend-il par l'*Etat?* qui lui a dit *son intention?* qui lui a donné mission pour *la dévoiler?* O puissance des mots et des abstractions qui nous désole depuis vingt-cinq ans, quand cesseras-tu de séduire et d'opprimer?

il étoit de la plus haute importance de ne pas se tromper sur des causes secrètes et profondes, qui seules mènent à de tels événemens, et peuvent encore en préparer de semblables, si l'on prenoit le change. J'ai donc expliqué à Sa Majesté toutes les difficultés qu'il y avoit à établir solidement son autorité. Le plus grand intérêt du peuple est que son gouvernement ne change point, parce que le nœud qui attache les parties du corps social (ouvrage des siècles) peut difficilement regagner sa première solidité, quand une révolution a eu le temps de le dissoudre. Il est presque aussi sans exemple qu'une monarchie, interrompue dans sa durée, ait pu se rétablir; il est impossible au moins, après vingt-cinq ans d'interruption, de la relever comme elle étoit, particulièrement chez une nation dont les idées sont sujettes à des mouvemens si rapides. Elle ne trouve qu'une foible partie des élémens de sa première puissance; ses principes, ses lois, ses intérêts, ne sont plus les mêmes : ils suivent le cours du temps, et le progrès des lumières.

Parmi les obstacles (1), j'ai distingué ceux qui nais-

---

(1) Quels étoient donc ces *obstacles* qui naissoient de *notre état de guerre ?* Quoi ! les alliés qui avoient ramené Louis XVIII, et qui le replaçoient sur son trône, étoient en *état de guerre* contre nous; ils étoient *un obstacle* au rétablissement de ce même trône qu'ils avoient relevé? Ici com-

soient de notre état actuel de guerre, et ceux causés par nos funestes dissensions intestines. L'exposition des premiers présentoit la plus grande difficulté : je

---

mence une espèce de galimatias double, où Fouché essaie d'expliquer sa conduite à l'égard des alliés, à l'égard du Roi, à l'égard de la France ; et dans lequel, à travers le désordre des idées et l'embarras de l'expression, on démêle, sans beaucoup d'efforts, ce système perfide qu'il n'a cessé de suivre jusqu'au dernier moment, système qui tendoit à effrayer sur tout, afin qu'on le laissât maître de tout, afin que le gouvernement fût de nouveau *tout entier* entre les mains de la police, ainsi qu'il avoit été sous Buonaparte. Ce galimatias devient presque inextricable quand il commence à parler de cette même police, et qu'il essaie de développer quel doit être son véritable but, quels sont ses vrais et légitimes moyens; toutefois, si l'on cherche avec soin quelque sens raisonnable au milieu de ce verbiage obscur dans lequel Fouché se perd, et peut-être à dessein, on y découvrira encore que lui et *les siens* n'avoient qu'une pensée, qui étoit de protéger de toutes leurs forces, dans leurs paroles comme dans leurs actions, tous les mécontens, tous les factieux, tous les ennemis du Roi. Un éloge pompeux du *grand Napoléon*, et un cri de douleur sur la bataille de Waterloo terminent dignement cette longue, ennuyeuse, mais bien impudente digression.

Il ne sera pas hors de propos de faire observer que le mot *peuple* s'y trouve employé dans de bien singulières acceptions. Ici le *peuple* est sur le point de prendre parti dans une nouvelle rébellion, et ne peut rester tranquille devant un avenir qui le menace et le déshonore; là, le *peuple* se plaint du peu d'énergie de la police qui ménage trop ceux que *l'on vouloit perdre* (c'est-à-dire les traîtres); ailleurs il

ne craignis pas de mettre sous les yeux des Souverains alliés d'utiles vérités, et de diriger leur attention sur l'exposé de nos malheurs. Les troupes étrangères, qui inondoient la France, paroissoient donner lieu à deux remarques opposées : d'un côté, elles combloient nos vœux, en nous donnant la paix, et sous ce point de vue, elles avoient autant de titres à notre

---

est à craindre que l'amour *du peuple* pour son gouvernement (celui de Louis XVIII) ne souffre des excès des troupes alliées; plus loin, le *peuple* est gourmandé du *peu de jugement* qu'il montre en *dépréciant* Napoléon, etc. etc. etc. Ainsi raisonnent les révolutionnaires, et ils ont pu long-temps le faire avec applaudissement, sans contradicteurs, et cela, par l'effet magique des six cent mille hommes dont nous avons déjà parlé (Voyez pag. 5). Aujourd'hui la position est un peu plus difficile : l'inconvénient de cette position est que les royalistes peuvent, jusqu'à un certain point et *jusqu'à nouvel ordre*, répondre quand les révolutionnaires parlent. Ceci commence à devenir excessivement dangereux : je les avertis même que déjà les rieurs ne sont plus de leur côté, que beaucoup de *bonnes gens*, qui avoient autrefois l'habitude de les admirer sur parole, commencent à s'étonner de les trouver si *pauvres gens ;* et qu'il est bien à craindre que leur rôle, dans ce long drame politique, ne finisse par une huée générale, s'ils ne cherchent au plus vite, et s'ils n'ont le bonheur de découvrir quelque nouveau moyen de remplacer la *raison* et la *persuasion* par un bon système de *violence* auquel rien ne puisse échapper, quoique Fouché prétende que cela est contraire aux principes et à la pratique de la révolution. (Voy. pag. 25 et 70.)

reconnoissance qu'à notre confiance ; de l'autre, les excès de quelques corps faisoient tomber sur nous tous les maux qui peuvent accabler une nation. Ainsi le retour du Roi, dans des circonstances qui lui étoient tout-à-fait étrangères, seroit devenu l'époque la plus malheureuse de notre histoire; et le même trône, qu'une main venoit de relever, auroit été renversé par l'autre.

Des considérations si sérieuses me forcèrent à représenter au Roi les conséquences, aussi fatales pour lui que pour la nation, de ce système inattendu de l'occupation de nos provinces, des suites de ce système auquel on ne s'opposoit plus, et des mesures hostiles poursuivies avec violence, dans une guerre d'abord entreprise par un motif grand et généreux. L'amour du peuple pour son gouvernement souffre toujours des malheurs du pays.

Il falloit du courage pour faire connoître ces vérités : elles servirent à améliorer promptement notre situation ; mes services sur cet objet ne sont pas même connus ; et ces services n'avoient pas été demandés.

Il étoit de mon devoir, même pour l'intérêt des Puissances alliées, de leur présenter le même tableau. L'énergie du caractère français, et surtout les élémens qui peuvent tout-à-coup faire éclater sa force, ne leur sont pas assez connus; et sur cela, elles auroient eu le droit de se plaindre de mon silence.

J'avois à parler à des Souverains dont l'âme est généreuse. Je pouvois hasarder de leur faire observer que, dans notre siècle de lumières, la victoire ne suffit pas pour justifier tous les abus du pouvoir. Par des sentimens nobles et élevés, on ne se fait aucun tort aux yeux des grands princes. Le peuple s'est fortement trompé, en croyant m'abandonner à la haine des pays étrangers; mon langage fut jugé selon les devoirs qui m'étoient imposés.

Dans un autre Rapport sur la situation de la France, dans lequel je la considérois sous le rapport de ses dissensions politiques, j'avois à choisir entre deux choses, qu'il n'étoit pas possible de concilier : ou de taire la vérité, ou de la dire entièrement. Je n'hésitai pas. L'intérêt du Prince que je servois fut hasardé; je n'avois qu'à consulter mon devoir. Je peignis les différens partis tels qu'ils sont; je lui montrai leur force, leur foiblesse; je lui exposai leurs vues, la soumission qu'on devoit en attendre, et les concessions qu'ils attendoient eux-mêmes. Je représentai les deux grandes factions qui nous troublent, et dont le conflit eut pu jeter l'Etat dans le plus grand danger. Si on trompe les grands de la terre de cette manière, il faut avouer que cette manière est nouvelle. Je n'ai pas découvert au Roi les noms des royalistes qui se déclarèrent contre son autorité, et négocièrent avec Napoléon (1) ; je ne voulois point lever le voile. Ceux dont l'honneur a été sauvé peuvent revenir à la vertu. Il n'y avoit que deux moyens de servir le Roi; c'étoit d'augmenter son pouvoir physique ou moral. Si le pouvoir physique est quelquefois nécessaire pour arrêter les désordres, il ne suffit pas pour établir un ordre de choses durable. Nous verrons si j'ai fait, sous ce rapport, tout ce qui étoit en mon pouvoir. Je parlerai encore une fois, dans mon Mémoire, des observations que j'ai faites sur l'armée, la garde nationale, sur les chambres, et sur l'opinion publique.

Je dois avouer que l'administration à laquelle j'appartenois avoit du jugement, l'amour de ce qui étoit bon, et de grands talens; mais les malheurs du passé lui faisoient oublier les dangers de l'avenir; la plupart de nos actes manquoient de précautions. Nous avions besoin d'énergie, d'union contre nos adversaires, et d'un même esprit dans nos travaux. Le peuple se plaignoit du peu d'énergie de la police, parce qu'elle n'étoit pas dirigée seulement contre ceux qu'on désiroit perdre. Cependant toute appa-

---

(1) Rien de plus délicat sans doute ; mais je suis persuadé qu'il a fait plus encore. S'il a pu procurer à ces royalistes *égarés* quelques bonnes places, à l'exclusion de ces royalistes *exagérés*, qui ont eu la niaiserie de faire *le voyage sentimental* de Gand, il n'y aura pas manqué.

rence de disposition malveillante fut tenue en bride; Rien ne resta impuni. L'armée étoit mécontente, mais elle obéissoit. Nous nous efforçâmes d'amener tous les partis à la soumission, au sacrifice de leurs idées exagérées et à l'ordre. Ce n'étoit pas assez de modérer les passions dans le midi du royaume, il falloit les enchaîner. Je répétai aux magistrats de ces parties ce que la conscience des hommes leur dit si souvent, qu'il n'y a qu'un seul avantage dont on ne doit jamais se départir, la justice. Je dis au Roi qu'au sein des réactions, il n'y avoit ni tranquillité publique, ni trône, ni nation.

Si la foule reçoit l'exemple de la violence de la part de ceux qui doivent lui donner celui de la modération, on doit s'attendre qu'elle brisera toutes les barrières entr'elle et les crimes. Quand la licence et l'esclavage ont tour à tour allumé les passions du peuple, peu de gens écoutent la voix de la raison. Qu'importe à ceux qui voudroient que leur fureur gouvernât en place des lois, que l'indépendance de leur pays soit en péril, que le trône soit ébranlé? que leur importe le deuil des familles, l'exécration publique, pourvu qu'ils satisfassent leur vengeance? Il semble qu'il y ait des jours où le souvenir du passé, les malheurs du présent, l'espérance ou la crainte de l'avenir, produisent dans la tête des hommes toutes sortes de désordres et de folies. Quel spectacle la France offre-t-elle aux yeux de l'Europe ? quand les prisons sont pleines, quand on en augmente le nombre, cette sévérité donnera-t-elle à l'autorité royale une solidité aussi durable qu'elle auroit été, si la France avoit été calmée par des idées de sécurité et de douceur ? que fera-t on quand chacun se parlera, ce qui arrive toujours après l'oppression ? Si une partie du peuple a été séduite, la persécution et la disgrâce empêcheront-elles le peuple de prendre parti dans une nouvelle rébellion ? Toutes les choses humaines ont leurs limites : la patience est susceptible d'un certain degré d'accommodement; mais un peuple ne peut pas rester tranquille quand on lui présente sans cesse un avenir qui le déshonore ou le menace ; son repos, même le conservât-il, ne seroit qu'un état de contrainte.

J'étois chargé de veiller au soutien du trône et à la sûreté de l'Etat. Il ne faut pas croire que ces devoirs, après de si grands changemens dans notre esprit public, dans nos institutions et dans nos mœurs, puissent être remplis par les mêmes moyens. Tout a été changé pendant les progrès de la civilisation; elle en a fait d'heureux, mais elle nous a fait aussi tomber dans de nouvelles fautes. On ne trouve plus la même soumission; il n'y a plus rien dans le même état. Des troubles d'un nouveau genre sont nés du conflit autrefois inconnu des opinions politiques; et tandis que la sûreté de l'Etat et le repos public sont exposés à plus de dangers, les garanties accordées à la liberté individuelle, ont fait perdre l'activité et même la force nécessaire pour comprimer l'opinion.

On ne peut pas long-temps gouverner les hommes de la même manière (1). Les moyens d'avoir de l'influence sur le peuple, le plus grand résultat auquel un gouvernement puisse parvenir, ont souffert dans un degré égal. La religion et la morale publique ne sont que d'un foible secours pour les lois. L'opinion publique, ingrédient tout-à-fait nouveau dans l'ordre social, a acquis tant de considération et de pouvoir, qu'elle est devenue rivale du gouvernement. L'obéissance qui, maintenant, a des droits, fait les plus grands efforts pour les défendre. On peut punir la résistance, mais il faut plus de moyens et d'adresse pour la soumettre. Le pouvoir peut faire exécuter les ordres, mais le langage de la violence a peu de considération s'il n'est soutenu par la persuasion et fondé sur la raison. Pour être entendu des différens partis, il faut entrer dans leurs passions, parler à chacun sa propre langue. Il n'y a plus d'éloquence universelle.

Au milieu de tant de difficultés, la police a besoin

(1) M. le duc seroit bien habile s'il pouvoit nous prouver qu'il y a eu dans tout le cours de la révolution deux manières de gouverner les hommes, et que, pour son propre compte, il en ait jamais employé plus d'une.

d'encouragemens et de nouveaux moyens. Quoiqu'en général la sphère de son action soit étendue, il y avoit des momens où nous la rendions inutile. A quoi sert au gouvernement royal ce vil espionnage des relations domestiques, des expressions inconsidérées et même des scandales que la loi ne peut punir ?

La question de nos jours n'est plus d'espionner le mécontentement de simples individus, et même les paroles téméraires et imprudentes. Il y a plus de tolérance dans nos mœurs qu'autrefois. La liberté publique est devenue, comme on peut dire, une nouvelle conscience à laquelle on ne peut faire violence ; elle sert comme de boulevard à la liberté des opinions.

L'espionnage ne doit pas violer l'asile des citoyens ; mais dans quelque degré d'élévation de la société civile que le plan d'un crime ait pris sa source, ceux qui ont aidé à son exécution suffiront pour le faire découvrir ; et on ne doit pas trouver de tels agens dans la classe élevée.

Le peuple se plaint justement de la violation du secret de la correspondance particulière. Cette mesure de police est odieuse et inutile quand elle est connue ; je l'ai constamment rejetée. Elle fut inventée par des têtes foibles qui ne connoissoient pas l'étendue des moyens qu'ils avoient entre les mains. De quelles recherches cette police s'est-elle donc occupée ? De poursuivre les fautes et les crimes indiqués dans les lois. De quel résultat s'honore-t-elle, quand elle est d'accord avec les premières causes qui de jour en jour augmentent les progrès de l'immoralité? ce qui peut lui faire honneur, c'est de découvrir les plus légers mouvemens qui menacent d'un désordre public; de réussir à connoître les besoins du peuple, l'objet de ses inquiétudes, les motifs de ses craintes, ses plaintes secrètes et les mécontentemens qui montrent que sa fidélité est ébranlée; mais surtout les cris de misère et de désespoir qui, aussi terribles dans les individus que dans la masse du peuple, conduisent rapidement les hommes foibles aux crimes, et les nations corrompues à la révolte.

La police est un service public et magistral qui, outre ses fonctions particulières, doit s'efforcer par des mesures irrégulières, mais justes et utiles, d'augmenter la force et les ressources du gouvernement. La publicité des procédés d'un tel pouvoir en arrête naturellement l'efficacité; on l'emploie beaucoup dans les grands objets; les autres sont perdus dans la foule, et y échappent.

Dans l'ordre social, tout n'est pas extérieur, tout n'est pas visible. Au milieu de ce monde public, il y a un secret; le pouvoir ordinaire du gouvernement n'y pénètre point.

Les partis cependant n'auront pas une telle police;

ils manquent de dénonciations, de communications confidentielles, de tableaux des personnes, d'intrigues, et d'un nombre considérable de vétilles, auxquelles on doit attacher une grande importance.

Les talens de tous les officiers de police suffisent à peine maintenant pour mettre en mouvement une machine, qui peut causer la ruine des hommes probes, mais qui n'est d'aucune utilité pour l'Etat.

A quoi tendoit l'importance attachée à la fuite de M. de Lavalette? Cette fuite a prouvé clairement que le Gouvernement ne pouvoit avoir des yeux et des oreilles, et a mis dans tout son jour le dévouement héroïque d'une jeune femme.

On dira ce que l'on voudra; la masse juge la magnanimité et la générosité: le malheur la touche. Il est vrai que tout gouvernement a droit de poursuivre son ennemi; mais où étoit la nécessité de faire du bruit quand on ne pouvoit pas le reprendre? L'exécution de ce droit n'est pas aussi pure qu'elle est légitime; et dans l'opinion, le pouvoir ne porte pas toujours la conviction générale.

Effet admirable du pouvoir de la morale! L'avenir s'occupera des circonstances par lesquelles M. de Lavalette a été arraché à la mort; et tous les efforts de l'autorité ne réussiront point à déshonorer ceux qui lui ont témoigné une compassion généreuse et efficace. Tout homme sensible et humain n'a pas refusé son approbation aux suites de leur courage ; ils sont devenus coupables aux yeux de la loi, mais ils ont rempli le vœu de l'humanité.

On m'a souvent reproché de n'avoir pas informé le Roi de ce que les courtisans, les ministres et les ministres étrangers faisoient tous les jours, de ce qui se passoit dans l'intérieur des familles, etc. C'est la police d'un courtisan qui a besoin de plaire, ou d'un agent subalterne qui est obligé d'avoir recours à de tels moyens pour se donner de l'importance : ce n'est pas la mienne.

La tranquillité des Etats ne dépend pas des choses qui n'affectent que les classes les plus élevées de la société, ou de la nature des dispositions qu'on y remarque.

L'ambition des grands n'a d'influence politique, que quand elle est unie avec les intérêts du peuple. Leurs intrigues, leurs conspirations, n'ont de force que lorsque la multitude y a une part active.

On ne craint aucune résistance, aucuns partis secrets dans les conseils publics, quand le Monarque a pour lui l'affection et la force du peuple.

Le repos de l'Etat dépend de l'état intellectuel de la classe ouvrière, qui consiste dans le peuple, et qui forme la base de l'édifice social. Cet état doit être, si je puis m'exprimer ainsi, le seul objet des soins et de la vigilance d'une bonne police. La foule sera toujours tranquille, quand on veillera ouvertement et sincèrement à ses intérêts, quand on éloignera tout ce qui pourroit diminuer sa confiance, blesser ses préjugés, corrompre sa manière de penser et d'agir, et égarer son ignorance et sa crédulité. Parce qu'on s'est écarté de ces principes, parce qu'une police complaisante et inconsidérée a suivi, presque exclusivement, les pas des grands, au lieu de faire attention au peuple, il est arrivé, qu'au sein de la prospérité, de l'opulence et de la paix, elle n'a pu arrêter les premiers mouvemens de la révolution, dont les préparatifs cependant s'étoient augmentés et avoient mûri pendant quarante années, sans être observés, ou au moins, sans qu'on y apportât aucun obstacle. Nous n'avons pas parlé de la personne du Monarque : elle sera l'objet d'une observation particulière.

Ma doctrine ne pouvoit pas convenir à ceux qui vouloient faire de la police, non pas un département de la magistrature qui enveloppoit sous une protection commune tous les partis qui s'étoient élevés dans la révolution, et tous ceux qui avoient lutté contre elle, mais une inquisition qui recevoit leurs dénonciations secrètes. Mon système déplaisoit fort à ceux qui avoient besoin de décrier le passé comme n'ayant pas persécuté et puni des fautes pardonnées. Les leçons de l'histoire sont perdues, et cependant on devroit s'en ressouvenir. Tout ne réussit pas avec une conduite hypocrite ; on ne gagne la confiance que par la droiture et la bonne foi. Elle est aussi nécessaire pour l'exercice des droits que pour l'accomplissement des devoirs. Mais pourquoi rechercher le passé, si nous n'en retirons aucune instruction pour le présent, si nous n'y observons que les fautes des autres et non pas les nôtres ? Devenons plus sages et plus grands si nous le pouvons. Vieux enfans, vous foulez aujourd'hui aux pieds ce que vous admiriez hier : quand deviendrez-vous enfin raisonnables ; quand apprendrez-vous à observer et à juger ? Plusieurs de ceux qui aujourd'hui parlent avec mépris de tout ce qui s'est passé depuis vingt-cinq ans, étoient acteurs, à la vérité acteurs très-subalternes et inconnus, dans la plupart des scènes de nos révolutions. Au moyen de leur obscurité, ils voudroient selon que les circonstances le permettroient, nier ou avouer la part qu'ils y ont eue ; mais ils y ont joué un rôle aussi bien que les autres ; ils parurent sur le théâtre ; ils doivent même la considération, quoique foible, dont ils jouissoient dans leurs communes, aux places qu'ils remplissoient sous Napoléon.

Beaucoup ont fait le bien : qu'ils ne craignent pas de l'avouer. Le bien qu'on a fait nous illustre, en quelque temps qu'il l'ait été. Au lieu de s'agiter, et de vouloir paroître le nier, ils devroient avouer, avec tout le monde, que les orages politiques, comme ceux de la nature, ne produisent pas le mal seul. Il est extravagant de chercher à observer si tout ce qui a été fait dans nos révolutions est grand et utile. On ne peut se tromper sur ce qui s'est passé depuis vingt-cinq ans : le monde en est rempli.

Si le peuple a été subjugué par Napoléon, il montre peu de jugement en cherchant à le déprécier; plus il l'abaisse, et plus il s'avilit. Le voyageur rit de pitié, en voyant avec quels grands frais on efface les aigles sur les monumens qu'il releva, ou fit construire, comme si le souvenir des actions s'effaçoit avec les aigles.

Il seroit bien plus raisonnable d'expliquer et de justifier l'admiration qu'on avoit pour lui.

Au commencement du gouvernement de Napoléon tout étoit merveilleux; il avoit rempli de sa gloire toutes les nations, les plus et les moins célèbres. Non seulement il possédoit le génie des batailles, mais il possédoit une science qui est bien plus utile que la force dans les combats, il savoit l'employer. Sa prévoyance sembloit le rendre maître des événemens; les obstacles étoient prévus; tout paroissoit calculé d'avance pour les vaincre. Les traités étoient conclus aussi rapidement que les batailles étoient gagnées. Dans quel temps la France brilla-t-elle de plus de splendeur ? quand posséda-t-elle plus de pouvoir que quand les Souverains reconnurent Napoléon, quand toutes les solennités de la religion le consacrèrent sur le trône?

Dans l'intérieur, toute trace de discorde et de division paroissoit être effacée; des intérêts si variés et si compliqués paroissoient être conciliés; tous les partis étoient en paix; les différentes religions se partageoient les temples et les autels. Qui ne chercha pas alors que Napoléon daignât jeter sur lui un regard favorable? Ceux qui se prosternèrent devant lui dans la poussière, sont ceux qui le reconnoissent le moins.

Au dehors Napoléon avoit terminé la guerre dès les premières batailles; tous les souverains désiroient vivre en paix avec lui. En cas d'hostilités, l'amour de la gloire auroit réuni toute la jeunesse de France sous ses drapeaux et ses lauriers; cette jeunesse qui avoit appris à regarder l'héroïsme comme un besoin et une jouissance.

La destinée de Napoléon étoit trop féconde en merveilles pour ne pas exciter notre étonnement; le peuple qui étoit plus en état de l'admirer que de le juger, devoit croire que la cause de ces merveilles étoit au-dessus de l'humain. Son empire prit l'apparence de la durée, et presque les qualités de ce caractère sacré que le temps imprime aux ouvrages sur lesquels il passe dans sa course rapide. Toute cette puissance qui paroissoit être éternelle, a été renversée par l'excès de son ambition. L'espérance et la crainte de la voir renaître le suivirent dans l'île d'Elbe : tout, grand Dieu ! s'est anéanti pour jamais dans les plaines de Waterloo !

Une chose passe avant tout, c'est la bonne foi : celui qui dans les jours de sa grandeur étoit l'arbitre de l'Europe, vit, quand il se fit un jeu de sa parole, combien dans un degré égal il encourut la juste indignation des mêmes souverains et des mêmes peuples dont il avoit gagné la confiance, et à qui il avoit donné la sienne (1). Tous les bras en Europe s'armèrent pour renverser un pouvoir arbitraire qui ne vouloit être ni censuré par l'opinion, ni réglé par le jugement, ni sanctionné par son propre intérêt. Napoléon se trouva dans une situation si critique, que, comme tous ceux qui abusent de leur pouvoir, il fut forcé d'être toujours victorieux, pour ne pas être anéanti par la vengeance. Que ce qui s'est passé puisse nous servir de leçon ; qu'après avoir échappé à un abîme, nous ne soyons pas en-

---

(1) Voilà un commerce de confiance entre Buonaparte et les nations de l'Europe, dont jusqu'à présent on ne s'étoit point douté. Si tous les matériaux que Fouché prépare pour l'histoire, et qu'il annonce avec tant d'emphase, sont de la même force, ses Mémoires seront une source bien précieuse pour les historiens.

gloutis par un autre ! Tout pouvoir irrégulier se détruit lui-même ; les extrêmes les plus opposés produisent le même phénomène dans le monde politique, et plongent les nations dans un égal malheur. Dès qu'un pouvoir, qui n'est point balancé, est dans les mains d'une ou de plusieurs personnes, la détérioration morale des individus et la foiblesse de l'Etat en seront toujours la conséquence. Il n'y a pas besoin pour cela de despotisme ni de dangers.

Je prévis les orages qui résulteroient du mode d'élection, et de la suite des élections de l'une des Chambres. Je désirai que l'activité des Députés, qui paroissoit devenir destructive, pût être tenue en bride par la formation des assemblées communales. L'écroulement de ce premier boulevard de nos libertés a conduit à la destruction de tout le reste. L'homme, avant d'appartenir au gouvernement et à l'Etat, appartient au pays où il est né. Dans le sein de sa famille, le premier sentiment pour son pays est le premier développé en lui, et l'intérêt de sa commune est le premier élément de tous les intérêts politiques. Ceux qui prennent pour convenu que les hommes peuvent être unis par un nombre de formes compliquées, qu'ils peuvent être gouvernés par la publication de quelques principes abstraits, ne connoissent pas le cœur humain, ni les sources du pouvoir. On peut dire qu'ils n'ont étudié l'anatomie des constitutions libres que dans des systèmes morts. L'obéissance forme la mesure et la limite du pouvoir ; les institutions positives unissent ensemble les hommes. Plus on multiplie les relations usuelles qui existent parmi eux, plus leur confiance et leurs forces prennent d'accroissement, plus le gouvernement a de moyens, plus il est puissant. Dans le rétablissement du gouvernement municipal, le trône peut être amalgamé avec le peuple ; les municipalités sont les premières unités dans l'ordre de la représentation nationale, montant à la législature, et les dernières dans l'ordre du pouvoir exécutif qui descend jusqu'à elles, et finit avec elles (1). Cependant

(1) Voici le seul aperçu raisonnable et vrai que l'on puisse trouver au milieu de tout ce fatras, *rudis indigestaque moles ;* et cependant Fouché, lorsqu'il répète ici, en mauvais termes, des vérités élémentaires empruntées à d'habiles publicistes, qui les ont exprimées avec autant de force que de clarté, se rend ridicule par l'air d'importance et de profondeur qu'il se donne en les débitant. On voit dans tout le cours de cette Lettre que sa manie dominante est de se croire un grand homme d'Etat, pour avoir, pendant quinze à vingt ans, formé et dirigé des espions. Du reste, cette manie est celle de tous les *faiseurs* de Buonaparte. Qu'étoient-ils cependant, et depuis le premier jusqu'au dernier, entre les mains de ce despote, le plus violent et le plus ombrageux sans doute qui ait jamais existé ? des instrumens purement passifs, communiquant sans cesse et sans la plus légère variation, l'impulsion qu'ils avoient reçue, de même qu'un corps

je diminuai le nombre de plusieurs petites communes qui ne pouvoient se toucher et se mettre en équilibre, sans prendre la même route au lieu de s'aider réciproquement.

La nature des choses et des hommes demande que les corps civils et politiques ne soient pas trop grands ou trop petits dans l'ordre social, de même que dans la nature il ne doit y avoir ni géans, ni nains.

Je me suis laissé entraîner par des recherches qui passent les bornes de l'objet de ma lettre, et que je traiterai avec plus de développement dans mon Mémoire.

Le système qui commença à dominer, et qui prenoit des forces de jour en jour, me fit penser à m'éloigner des affaires publiques, comme je m'étois retiré sous Napoléon, aussitôt qu'il me parut impossible de faire le bien. Le Roi avoit pu remonter sur le trône au milieu de la foudre et de ses éclats : je ne croyois pas qu'il pût s'y tenir. La corruption et l'inexpérience ruinent les Etats; la vertu et les talens les

---

matériel qui en choque un autre lui communique son mouvement; et le faisant du reste dans un tel excès de servilité et d'abjection, qu'avec un degré de perfectionnement de plus, et s'il eût visé à l'économie, Buonaparte seroit parvenu à faire exploiter le service entier de ses administrations par des *machines à vapeur.*

conservent. Je priai Sa Majesté d'accepter ma démission. Je remis entre ses mains la lettre qui en contenoit les motifs. Le Roi me fit l'honneur de me répondre qu'il l'examineroit. J'attendis quelques jours une réponse ; n'en recevant point, je pris la liberté d'écrire une seconde lettre dans laquelle j'expliquai tous mes motifs, toutes mes craintes sur un avenir qui menaçoit à la fois son trône, sa dynastie et l'indépendance de mon pays (1). Sa Majesté accepta ma démission, et fut assez bonne pour me donner, dans une lettre écrite de sa propre main, l'assurance qu'elle n'oublieroit pas mes services.

Il ne me restoit plus qu'à choisir le lieu de ma retraite. Quand on a le malheur d'avoir un nom célèbre (2), le plus petit endroit où l'on se retire devient important. J'étois résolu au moins de me mettre à l'abri de la calomnie, par une vie simple et privée.

Le Roi me fit offrir une ambassade ; je donnai la préférence à celle de Saxe. J'avois eu le bonheur d'approcher de son souverain ; la constante probité qui lui concilia l'amour général sur le trône, et l'es-

---

(1) Quelle touchante sollicitude ! surtout qu'elle est sincère ! le bon M. Tartufe n'auroit pas mieux dit.

(2) *Malheur* est bien ici le mot propre. Il n'y eut jamais sans doute une célébrité plus malheureuse que celle de M. le duc d'Otrante.

time quand il en fut éloigné, fut le motif de cette préférence. Jusqu'à mon dernier soupir je conserverai le souvenir des marques de bonté que j'ai reçues de ce prince après mon arrivée à Dresde. C'est surtout dans le malheur que nous pouvons apprécier la bienveillance à sa juste valeur. Je dois ajouter aussi que dans toutes mes relations avec le duc de Richelieu, par suite de ma mission, j'ai éprouvé tout ce qu'un homme d'honneur et sensible peut faire pour adoucir l'injustice que tous ses efforts n'avoient pu prévenir (1).

On demande pourquoi, en quittant le ministère, je ne suis pas entré dans la chambre des députés, à laquelle plusieurs colléges électoraux, entr'autres ceux de Paris, m'avoient appelé (2). Pouvois-je lutter avec avantage contre les excès sans cesse croissans de la réaction ? qu'on lise les débats de la chambre, et l'on verra ce que je pouvois attendre de cette lutte. Un homme plein de noblesse et de grandeur d'âme, M. d'Argenson, voulut élever la voix pour faire connoître les causes et les auteurs des troubles élevés dans le midi de la France : des cris furieux l'empêchèrent de continuer ; la vérité fut

(1) Cela ne prouve rien autre chose, sinon qu'il est malheureusement des rois et des ministres qui, pendant un quart de siècle, n'ont point compris la révolution française, et ne la comprennent point encore.

(2) Il va donner ici une foule de raisons ; la véritable, la voici : c'est que la ville de LYON envoyoit aussi des députés.

repoussée de la tribune de la nation. Quel succès pouvoit-on espérer dans une assemblée où le parti de l'exagération avoit l'influence, quand ce parti regardoit l'anarchie la plus intolérable comme un instrument nécessaire pour établir l'ordre? que pouvoit-on dire à des hommes qui ne voyoient que violence dans la force et le pouvoir du Roi, et que trahison dans le langage de la modération? Appelé à parler sur les grands intérêts de la nation, quels moyens a-t-on pour se faire entendre de ceux qui n'ont à délibérer que sur l'orgueil de quelques individus? qu'aurois-je pu ajouter à tout ce que j'ai dit, comme président du gouvernement et comme ministre, pour supplier, conjurer ces hommes violens de sacrifier leur vengeance personnelle au bien général, et de ne penser qu'au bonheur de tous? J'ai épuisé à leur égard tout ce qui peut être inspiré à l'ami de son pays. Je ne cesserai de leur répeter de mon exil mes dernières paroles lorsque je quittai Paris. — Comment ose-t-on parler du triomphe d'un parti? quand ce même parti tombera sur tout, ou s'emparera de tout, il n'y a plus d'espérance d'indépendance nationale, plus de véritable honneur que dans notre union.

L'encouragement qu'un esprit de démence donnoit aux réactions, annonçoit l'intention d'en faire usage. Ce député qui lut un libelle du haut de la tribune, pouvoit facilement nous faire connoître la source de ces encouragemens, s'il eût voulu dire d'où il tenoit ce libelle, et qui en étoit l'auteur.

En vain aurois-je compté sur l'appui de la partie saine de l'assemblée : elle a des talens, des vues justes, de la raison; elle forme même la majorité; mais il y a parmi elle beaucoup d'hommes timides que domine la crainte d'attirer sur leur pays de plus grands maux par leur résistance que par leur soumission. Tantôt ils sont effrayés des fantômes de nos révolutions dont le ressort est brisé, tantôt ils se voient menacés des baïonnettes étrangères.

Il est absurde de supposer qu'un parti obtiendroit maintenant quelque secours du dehors. Si un parti gouverne, des engagemens particuliers plus forts que les engagemens généraux de la monarchie en sont la cause. Ce ne sont plus les souverains qui maîtrisent la France, c'est alors une faction qui triomphe de la nation. La guerre civile n'a que changé les places; les ultra royalistes sont les vainqueurs, et tout le reste des Français, les vaincus.

Quel avantage pourroit-on tirer d'abandonner le gouvernement à un parti? La tombe se fermeroit bientôt sur son gouvernement; la terreur même ne pourroit le soutenir, car la terreur s'évanouit à la première lueur de sécurité. Un autre parti s'élèveroit à son tour, et auroit le dessus : que deviendroit la France, que deviendroit l'Europe, si nous étions déchirés par des changemens de partis (1) et par leurs victoires passagères ?

Où trouverions-nous la nation dans un tel état de choses ? Il n'y auroit plus d'intérêt général ; tous les liens de la vie sociale seroient rompus ; le cœur de l'Etat seroit blessé, il n'y auroit plus que l'ombre d'un pays. Que l'Angleterre se rappelle que l'océan qui l'entoure l'a seul mise à l'abri des orages et des désordres qui furent communs à toutes les nations ; qu'elle se rappelle que l'on fut sur le point de passer cet océan. Notre bonheur lui seroit plus avantageux que notre malheur ; mais il sera trop tard de prévenir ce malheur quand nous en serons accablés.

---

(1) Que l'on dépouille ces déclamations des vaines paroles qui en cachent le véritable sens, et l'on reconnoîtra que ce *parti* si *dangereux*, si *redouté*, si *injurié*, n'est autre que le parti royaliste. Or, quoi qu'on en puisse dire, il est maintenant démontré aux moins clairvoyans qu'il n'existe en France que deux partis, les royalistes et les révolutionnaires. Lequel des deux doit avoir le dessus? ni l'un, ni l'autre, s'écrie Fouché : ni l'un, ni l'autre, répètent après lui ses successeurs, dans une autre intention, j'aime à le croire ; mais tandis qu'ils s'épuisent en efforts malheureux pour résoudre ce problème *impossible*, la France marche à grands pas vers de nouveaux désastres dont la Providence seule sait le terme, et qu'elle seule pourra arrêter.

Je considère les souverains qui aujourd'hui sont maîtres de nos destinées, sous l'emblème de cette divinité que la mythologie des anciens représentoit avec deux visages, l'un tourné vers le passé, et l'autre vers l'avenir. Ces souverains ne manqueront pas une seconde fois leur but généreux (1); nos révolutions ne troubleront plus l'Europe, nous aurons la garantie de notre indépendance, parce que nous nous garantirons à nous-mêmes notre repos.

Loin de moi la pensée qu'il existe un parti qui veuille devenir l'instrument terrible de la destruction de la France. Je ne refuse pas à mes ennemis la justice que je dois à tous les hommes. L'esprit de parti est plus à plaindre qu'à blâmer : ceux qui ont amené la monarchie sur le penchant de l'abîme la sauveront peut-être ; toutefois leur ignorance en matière de gouvernement est une découverte qu'ils ont encore à faire (2).

---

(1) Il semble qu'il y ait ici une sorte d'appel aux puissances pour les inviter à se mêler de nos affaires intérieures, affaires sur lesquelles on sait qu'elles ont été trompées, et le sont encore aujourd'hui, de manière à confondre d'étonnement. Toutefois, Fouché n'est pas le seul qui ait eu cette pensée *généreuse* et *patriotique*. On prétend que d'autres ministres en ont fait pendant assez long-temps le ressort principal de leur gouvernement : il falloit la révolution française pour offrir au monde un tel degré de folie et d'avilissement.

(2) Et c'est un des plus acharnés destructeurs de la plus

Dans les affaires humaines, le peuple se laisse souvent entraîner dans les excès les plus déplorables par les noms que lui même a consacrés : fasse le ciel que le mot légitimité ne fasse pas couler autant de sang que le mot égalité ! Le mal est toujours fait sous un prétexte sacré (1). Heureusement l'erreur n'est pas immortelle comme la vérité : tout ici bas a une fin.

Je me sens capable de me justifier entièrement du reproche qui m'est fait de n'être point entré dans la chambre des députés. J'aurois paru moi-même au tribunal si ce n'eût été que donner lieu en ma personne à un exemple de plus d'un acte tyrannique et violent; ma mission à Dresde a dû être considérée comme le résultat du mal général que je prévoyois ; car il ne m'étoit pas permis d'agir pour moi-même, et d'éviter ces attaques. J'écrivis à Votre

belle monarchie, du plus admirable système social qui ait jamais honoré le monde, que l'on voit s'établir ainsi docteur en fait de gouvernement, et traiter du haut en bas ceux qui auroient la prétention de gouverner après lui ! Ah ! malheureux que vous êtes, il n'y eut jamais ignorance et folie comparable à la vôtre, et sous ce seul rapport vous serez éternellement la risée de la postérité, comme sous mille autres vous en serez l'horreur.

(1) La légitimité ne cesse de le tourmenter jusqu'à la fin ; toutefois la vérité lui échappe comme malgré lui, et le caractère *sacré* d'un pouvoir légitime est une chose qu'il ne peut enfin s'empêcher d'avouer et de reconnoître.

Grâce le 19 juin. « La république nous a fait con-
» noître les excès de la liberté ; l'empire, tous les
» excès funestes du pouvoir. Puisse la France trou-
» ver l'indépendance, l'ordre et la paix ! Tels sont
» les vœux que je forme en ce moment : puissent les
» excès de toute espèce être enfin à leur terme ! »

Les violences de tous les partis sont semblables, quand une fois les passions sont en effervescence; les sentimens nobles peuvent être exagérés à un degré où ils n'en sont que plus dangereux. Je ne me plains ni ne m'étonne d'être banni de la France par ceux que j'avois aidés à revenir dans cette même France. Je connois la méchanceté du cœur humain, et je suis accoutumé aux caprices de la fortune. Dans la situation où je suis, il est toujours consolant de penser qu'il n'est au pouvoir d'aucun homme de changer la nature des choses.... la fausseté ne peut jamais devenir vérité.

Mes espérances politiques sont terminées; toute mon ambition est satisfaite, puisque j'ai obtenu parmi les Français une estime qui accompagnera partout mon nom et ma personne (1). La justice et la voix des siècles décideront si, dans les événemens

(1) J'ai essayé de faire une dernière note sur cette dernière phrase : il a fallu y renoncer. Il n'est point de termes dans la langue qui puisse exprimer l'indignation que fait naître un tel excès d'orgueil, d'aveuglement et d'impudence.

qui ont amené tant de calamités sur mon pays, il y a eu ou non des torts de tous les côtés, et quel parti fut le plus coupable.

Je renouvelle à Votre Altesse les assurances de ma haute considération.

Duc D'OTRANTE.

www.ingramcontent.com/pod-product-compliance
Ingram Content Group UK Ltd.
Pitfield, Milton Keynes, MK11 3LW, UK
UKHW031928260826
14628UKWH00003B/1480

9 782016 170793